Developing Chinese

第二版
2nd Edition

Intermediate Writing Course

中级写作

（II）

蔡永强　编著

严褆　插图

北京语言大学出版社
BEIJING LANGUAGE AND CULTURE
UNIVERSITY PRESS

Developing
Chinese

第二版
2nd Edition

编写委员会

主　编：李　泉

副主编：么书君　张　健

编　委：李　泉　么书君　张　健　王淑红　傅　由　蔡永强

编辑委员会

主　任：戚德祥

副主任：张　健　王亚莉　陈维昌

成　员：戚德祥　张　健　苗　强　陈维昌　王亚莉

　　　　王　轩　于　晶　李　炜　黄　英　李　超

《发展汉语》（第二版）为普通高等教育"十一五"国家级规划教材。为保证本版编修的质量和效率，特成立教材编写委员会和教材编辑委员会。编辑委员会广泛收集全国各地使用者对初版《发展汉语》的使用意见和建议，编写委员会据此并结合近年来海内外第二语言教学新的理论和理念，以及对外汉语教学和教材理论与实践的新发展，制定了全套教材和各系列及各册教材的编写方案。编写委员会组织全体编者，对所有教材进行了全面更新。

适用对象

《发展汉语》（第二版）主要供来华学习汉语的长期进修生使用，可满足初（含零起点）、中、高各层次主干课程的教学需要。其中，初、中、高各层次的教材也可供汉语言专业本科教学选用，亦可供海内外相关的培训课程及汉语自学者选用。

结构规模

《发展汉语》（第二版）采取综合语言能力培养与专项语言技能训练相结合的外语教学及教材编写模式。全套教材分为三个层级、五个系列，即纵向分为初、中、高三个层级，横向分为综合、口语、听力、阅读、写作五个系列。其中，综合系列为主干教材，口语、听力、阅读、写作系列为配套教材。

全套教材共 28 册，包括：初级综合（Ⅰ、Ⅱ）、中级综合（Ⅰ、Ⅱ）、高级综合（Ⅰ、Ⅱ），初级口语（Ⅰ、Ⅱ）、中级口语（Ⅰ、Ⅱ）、高级口语（Ⅰ、Ⅱ），初级听力（Ⅰ、Ⅱ）、中级听力（Ⅰ、Ⅱ）、高级听力（Ⅰ、Ⅱ），初级读写（Ⅰ、Ⅱ）、中级阅读（Ⅰ、Ⅱ）、高级阅读（Ⅰ、Ⅱ），中级写作（Ⅰ、Ⅱ）、高级写作（Ⅰ、Ⅱ）。其中，每一册听力教材均分为"文本与答案"和"练习与活动"两本；初级读写（Ⅰ、Ⅱ）为本版补编，承担初级阅读和初级写话双重功能。

编写理念

"发展"是本套教材的核心理念。发展蕴涵由少到多、由简单到复杂、由生疏到熟练、由模仿、创造到自如运用。"发展汉语"寓意发展学习者的汉语知识，发展学习者对汉语的领悟能力，发展学习者的汉语交际能力，发展学习者的汉语学习能力，不断拓展和深化学习者对当代中国社会及历史文化的了解范围和理解能力，不断增强学习者的跨文化交际能力。

"集成、多元、创新"是本套教材的基本理念。集成即对语言要素、语言知识、文化知识以及汉语听、说、读、写能力的系统整合与综合；多元即对教学法、教学理论、教学大纲以及教学材料、训练方式和手段的兼容并包；创新即在遵循汉语作为外语或第二语言教学规律、继承既往成熟的教学经验、汲取新的教学和教材编写研究成果的基础上，对各系列教材进行整体和局部的特色设计。

教材目标

总体目标：全面发展和提高学习者的汉语语言能力、汉语交际能力、汉语综合运用能力和汉语学习兴趣、汉语学习能力。

具体目标：通过规范的汉语、汉字知识及其相关文化知识的教学，以及科学而系统的听、说、读、写等语言技能训练，全面培养和提高学习者对汉语要素（语音、汉字、词汇、语法）形式与意义的辨别和组配能力，在具体文本、语境和社会文化规约中准确接收和输出汉语信息的能力，运用汉语进行适合话语情境和语篇特征的口头和书面表达能力；借助教材内容及其教学实施，不断强化学习者汉语学习动机和自主学习的能力。

编写原则

为实现本套教材的编写理念、总体目标及具体目标，特确定如下编写原则：

（1）课文编选上，遵循第二语言教材编写的针对性、科学性、实用性、趣味性等核心原则，以便更好地提升教材的质量和水平，确保教材的示范性、可学性。

（2）内容编排上，遵循第二语言教材编写由易到难、急用先学、循序渐进、重复再现等通用原则，并特别采取"小步快走"的编写原则，避免长对话、长篇幅的课文，所有课文均有相应的字数限制，以确保教材好教易学，增强学习者的成就感。

（3）结构模式上，教材内容的编写、范文的选择和练习的设计等，总体上注重"语言结构、语言功能、交际情境、文化因素、活动任务"的融合、组配与照应；同时注重话题和场景、范文和语体的丰富性和多样化，以便全面培养学习者语言理解能力和语言交际能力。

（4）语言知识上，遵循汉语规律、汉语教学规律和汉语学习规律，广泛吸收汉语本体研究、汉语教学研究和汉语习得研究的科学成果，以确保知识呈现恰当，诠释准确。

（5）技能训练上，遵循口语、听力、阅读、写作等单项技能和综合技能训练教材的编写规律，充分凸显各自的目标和特点，同时注重听说、读说、读写等语言技能的联合训练，以便更好地发挥"综合语言能力＋专项语言技能"训练模式的优势。

（6）配套关联上，发挥系列配套教材的优势，注重同一层级不同系列平行或相邻课文之间，在话题内容、谈论角度、语体语域、词汇语法、训练内容与方式等方面的协调、照应、转换、复现、拓展与深化等，以便更好地发挥教材的集成特点，形成"共振"合力，便于学习者综合语言能力的养成。

（7）教学标准上，以现行各类大纲、标准和课程规范等为参照依据，制定各系列教材语言要素、话题内容、功能意念、情景场所、交际任务、文化项目等大纲，以增强教材的科学性、规范性和实用性。

实施重点

为体现本套教材的编写理念和编写原则，实现教材编写的总体目标和具体目标，全套教材突出了以下实施重点：

（1）系统呈现汉语实用语法、汉语基本词汇、汉字知识、常用汉字；凸显汉语语素、语段、语篇教学；重视语言要素的语用教学、语言项目的功能教学；多方面呈现汉语口语语体和书面语体的特点及其层次。

（2）课文内容、文化内容今古兼顾，以今为主，全方位展现当代中国社会生活；有针对性地融入与学习者理解和运用汉语密切相关的知识文化和交际文化，并予以恰当的诠释。

（3）探索不同语言技能的科学训练体系，突出语言技能的单项、双项和综合训练；在语言要素学习、课文读解、语言点讲练、练习活动设计、任务布置等各个环节中，凸显语言能力教学和语言应用能力训练的核心地位。并通过各种练习和活动，将语言学习与语言实践、课内学习与课外习得、课堂教学与目的语环境联系起来、结合起来。

（4）采取语言要素和课文内容消化理解型练习、深化拓展型练习以及自主应用型练习相结合的训练体系。几乎所有练习的篇幅都超过该课总篇幅的一半以上，有的达到了2/3的篇幅；同时，为便于学习者准确地理解、掌握和恰当地输出，许多练习都给出了交际框架、示例、简图、图片、背景材料、任务要求等，以便更好地发挥练习的实际效用。

（5）广泛参考《汉语水平等级标准与语法等级大纲》（1996）、《汉语水平词汇与汉字等级大纲》（2001）、《高等学校外国留学生汉语言专业教学大纲》（2002）、《国际汉语教学通用课程大纲》（2008）、《欧洲语言共同参考框架：学习、教学、评估》（中译本，2008）、《新汉语水平考试大纲（HSK1-6级）》（2009-2010）等各类大纲和标准，借鉴其相关成果和理念，为语言要素层级确定和选择、语言能力要求的确定、教学话题及其内容选择、文化题材及其学习任务建构等提供依据。

（6）依据《高等学校外国留学生汉语教学大纲（长期进修）》（2002），为本套教材编写设计了词汇大纲编写软件，用来筛选、区分和确认各等级词汇，控制每课的词汇总量和超级词、超纲词数量。在实施过程中充分依据但不拘泥于"长期进修"大纲，而是参考其他各类大纲并结合语言生活实际，广泛吸收了诸如"手机、短信、邮件、上网、自助餐、超市、矿泉水、物业、春运、打工、打折、打包、酒吧、客户、密码、刷卡"等当代中国社会生活中已然十分常见的词语，以体现教材的时代性和实用性。

基本定性

《发展汉语》（第二版）是一个按照语言技能综合训练与分技能训练相结合的教学模式编写而成的大型汉语教学和学习平台。整套教材在语体和语域的多样性、语言要素和语言知识及语言技能训练的系统性和针对性，在反映当代中国丰富多彩的社会生活、展现中国文化的多元与包容等方面，都作出了新的努力和尝试。

《发展汉语》（第二版）是一套听、说、读、写与综合横向配套，初、中、高纵向延伸的、完整的大型汉语系列配套教材。全套教材在共同的编写理念、编写目标和编写原则指导下，按照统一而又有区别的要求同步编写而成。不同系列和同一系列不同层级分工合作、相互协调、纵横照应。其体制和规模在目前已出版的国际汉语教材中尚不多见。

特别感谢

感谢国家教育部将《发展汉语》（第二版）列入国家级规划教材，为我们教材编写增添了动力和责任感。感谢编写委员会、编辑委员会和所有编者高度的敬业精神、精益求精的编写态度，以及所投入的热情和精力、付出的心血与智慧。其中，编写委员会负责整套教材及各系列教材的规划、设计与编写协调，并先后召开几十次讨论会，对每册教材的课文编写、范文遴选、体例安排、注释说明、练习设计等，进行全方位的评估、讨论和审定。

感谢中国人民大学么书君教授和北京语言大学出版社张健总编辑为整套教材编写作出的特别而重要的贡献。感谢北京语言大学出版社戚德祥董事长对教材编写和编辑工作的有力支持。感谢关注本套教材并贡献宝贵意见的对外汉语教学界专家和全国各地的同行。

特别期待

○ 把汉语当做交际工具而不是知识体系来教、来学。坚信语言技能的训练和获得才是最根本、最重要的。

○ 鼓励自己喜欢每一本教材及每一课书。教师肯于花时间剖析教材，谋划教法。学习者肯于花时间体认、记忆并积极主动运用所学教材的内容。坚信满怀激情地教和饶有兴趣地学会带来丰厚的回馈。

○ 教师既能认真"教教材"，也能发挥才智弥补教材的局限与不足，创造性地"用教材教语言"，而不是"死教教材"、"只教教材"，并坚信教材不过是教语言的材料和工具。

○ 学习者既能认真"学教材"，也能积极主动"用教材学语言"，而不是"死学教材"、"只学教材"，并坚信掌握一种语言既需要通过课本来学习语言，也需要在社会中体验和习得语言，语言学习乃终生之大事。

李　泉

适用对象

《发展汉语·中级写作》（II）与《发展汉语·中级写作》（I）相衔接，适合学过《发展汉语·中级写作》（I）或与此等级相当的课本、掌握 2500 个以上汉语常用词语、具有中级汉语水平的学习者使用。

教材目标

本教材以训练和提高中级阶段汉语学习者的写作能力为核心目标。具体如下：

（1）通过范文的学习和体认，能初步把握常见的汉语篇章的结构特点。

（2）在教师引导下，能进行恰当的语句、语段、篇章的写作实践。

（3）根据自己熟悉的题目，能组织话语进行连贯的口头表达。

（4）按照汉语表达习惯，能写出层次清楚、语句通顺、700～800 字的作文。

特色追求

本教材试图通过范文解析、写作训练、作文讲评等三个方面的特色设计，为学习者搭建一个实用性写作训练平台。具体而言：

（1）发挥范文的示范作用

利用范文向学习者展示文章的写作角度、表达思路和结构方式，让他们感悟汉语书面表达的特点，激发他们的写作愿望。范文难易适当、长短适中，在语句衔接、句段连接、语篇结构等方面力求有示范性和可模仿性，真正发挥范文的示范作用。

（2）突出写作过程训练

本教材试图将写作知识的传授和写作技能的训练融汇于写作环节的设计和实施中。为此，我们设计了若干有实用性和可操作性的教学环节，并希望通过范文阅读与分析、写作实践训练、课后作文布置、作文讲评等环节的实施，体现重视"过程训练"的写作教学理念。

（3）重视作文讲评与布置

作文讲评是写作教学的关键环节，是提高学习者写作能力的重要途径。通过总体上对本次写作得与失的分析，通过对作文中优佳语句、段落的展示和说明，特别是对作文中的偏误进行全面而有重点的分析，可以有效地丰富学习者的写作知识，提高学习者的写作能力。同时，高度重视对课后作文的"深度布置"，通过对作文题目立意和写作角度、思路的畅想，对语言材料的组织和段落内容安排的讨论，不仅可以体现"过程训练"的教学理念，更可以给予学习者实实在在的启发和帮助，进而有效地提高他们的写作信心和写作质量。

使用建议

（1）本教材共 15 课，建议每课用 2 课时完成。教材中各主要教学环节标注了参考用时，教师可根据实际情况灵活掌握。

（2）作文讲评是"真正的写作教学"，应在课下进行充分的准备并在课上给予足够的时间保证。为此，建议教师在作文评改的基础上"深度备课"，对学生习作从宏观到微观、全面而有重点地进行讲评，并整理出"教师总评"、"优佳表达"和"偏误分析"的具体教案，以确保讲评环节不走过场，确保学习者得到最大化的收益。

（3）作文布置是写作教学的重要环节，是激发学生写作欲望和提高习作质量的关键环节。为此，建议教师课下充分思考和准备有关写作题目的各种写作角度和思路、写作方法和材料等，并在课上跟学生一起展开"头脑风暴"，帮助学生开阔思路，找到写作灵感。

（4）课后作文的字数要求为参考字数，有一定的灵活性，教师可根据学习者群体的实际水平等情况进行适当调整。

（5）"我的作品"系要求学习者将修改好的上次课的作文抄写于此，请教师加以督导和检查。

特别期待

◎ 课下和课上认真阅读、熟悉和体味每一课的范文。

◎ 积极、主动参与课堂练习活动和相关的讨论。

◎ 相信"写"是学习汉语表达和提升汉语能力的重要途径。

◎ 相信"写"的过程就是用汉语、学汉语的过程，并能"乐在写中"。

◇ 在多种场合以各种方式，不断激发学习者汉语书面表达的欲望。

◇ 及时批改和讲评学习者的课内外作业，并能给予更多的鼓励。

◇ 确信只有写和不断地写才能真正提高汉语写作能力。

◇ 确信结合习作的语句、段落和篇章的讲评才是最重要的写作知识教学。

特别感谢

《发展汉语·中级写作》（Ⅱ）的插图由严褆完成，特致谢忱！

《发展汉语》（第二版）编写委员会及本册教材编者

目 录　**Contents**

语法术语及缩略形式参照表
Abbreviations of Grammar Terms

Grammar Terms in Chinese	Grammar Terms in *pinyin*	Grammar Terms in English	Abbreviations
名词	míngcí	noun	n. / 名
代词	dàicí	pronoun	pron. / 代
数词	shùcí	numeral	num. / 数
量词	liàngcí	measure word	m. / 量
动词	dòngcí	verb	v. / 动
助动词	zhùdòngcí	auxiliary	aux. / 助动
形容词	xíngróngcí	adjective	adj. / 形
副词	fùcí	adverb	adv. / 副
介词	jiècí	preposition	prep. / 介
连词	liáncí	conjunction	conj. / 连
助词	zhùcí	particle	part. / 助
拟声词	nǐshēngcí	onomatopoeia	onom. / 拟声
叹词	tàncí	interjection	int. / 叹
前缀	qiánzhuì	prefix	pref. / 前缀
后缀	hòuzhuì	suffix	suf. / 后缀
成语	chéngyǔ	idiom	idm. / 成
主语	zhǔyǔ	subject	S
谓语	wèiyǔ	predicate	P
宾语	bīnyǔ	object	O
补语	bǔyǔ	complement	C
动宾结构	dòngbīn jiégòu	verb-object	VO
动补结构	dòngbǔ jiégòu	verb-complement	VC
名词短语	míngcí duǎnyǔ	nominal phrase	NP
动词短语	dòngcí duǎnyǔ	verbal phrase	VP
形容词短语	xíngróngcí duǎnyǔ	adjectival phrase	AP
介词短语	jiècí duǎnyǔ	prepositional phrase	PP

16 我的"三分钟热度"朋友

愉快走入第16课

1 范文阅读 ［建议用时：10分钟］

1. 请同学们默读范文。
2. 教师领读或师生齐读范文。
3. 再次默读范文并体会文章的结构方式。

我的"三分钟热度"朋友

  我有个朋友叫张雨，我们两家是邻居。从幼儿园到大学，我和张雨一直在一起学习。大学毕业后，我们分开了，在不同的城市工作。虽然也常常联系，但毕竟①不能经常见面了。

  大学毕业时的张雨是一个漂亮、时髦②的姑娘。高高的个子，黑黑的长发，大大的眼睛，是我们学校有名的美女。

  其实，张雨是一个只有"三分钟热度"的人。她爱好广泛③，学过音乐、体育、绘画、舞蹈等，但都水平不高。记得上中学时她学二胡④，高高兴兴地

---

① 毕竟（bìjìng）：after all　到底。
② 时髦（shímáo）：fashionable, stylish　和当时流行的一样。
③ 广泛（guǎngfàn）：wide, broad　范围大，方面广。
④ 二胡（èrhú）：*erhu*, a musical instrument　一种乐器。

拉了一阵子，突然有一天把二胡挂到了墙上，从那以后就再也没有拿下来过。看书也一样，一本书她看不了多少页，就不想再翻了。后来她下决心学习流行音乐，可学了没多少时间，就说不想学了，结果所有的歌儿她都只能唱几句。

很多人都觉得"三分钟热度"是张雨的缺点，我却不这么看。三分钟可以做什么呢？人生其实不需要什么大的成功，只要高兴就好。张雨的内心其实很简单：做任何事情，只要开心就好。

张雨的"三分钟热度"让她见识⑤广泛：别人没有看过的书，她翻过；别人没有经历过的事，她经历过。学校图书馆的书，她大部分都看过；学校的各种活动，她大概都参加过；社会上的好多工作，她大概都做过。张雨大学四年没有谈过恋爱，但却有很多男生是她的好朋友，关键⑥的时候总能得到很多人的帮助。说实话，我内心真的很羡慕她"三分钟热度"的个性。

最近，张雨给我写 email，说她正在玩儿拼图⑦，还把她玩儿拼图的照片发给我看。我相信，不久我们见面时，她一定会告诉我：拼图没意思，已经不玩儿了……

2 范文分析　[建议用时：15分钟]

1. 解读范文《我的"三分钟热度"朋友》。

（1）找出介绍"我"和张雨关系的语句。

_____

（2）找出描写张雨外貌的语句。

_____

（3）找出介绍张雨爱好的语句。

_____

（4）为什么说张雨是个只有"三分钟热度"的人？

_____

---

⑤ 见识（jiànshi）：experience, knowledge　见闻，知识。

⑥ 关键（guānjiàn）：key, crucial　最重要的。

⑦ 拼图（pīntú）：jigsaw puzzle, picture puzzle　一种把零散图片连接成完整图形的游戏。

（5）找出描写张雨内心想法的语句。

_____

（6）找出说明"我"对张雨"三分钟热度"看法和态度的语句。

_____

（7）"三分钟热度"让张雨得到了哪些益处?

_____

（8）找出介绍张雨最近情况的语句。

_____

（9）找出表示过去时间的词语或句子。

_____

（10）找出表示未来时间的词语或句子。

_____

2. 分析范文《我的"三分钟热度"朋友》的写作思路。

《我的"三分钟热度"朋友》的写作思路是这样的："我"和张雨的关系→_____

_____ → _____ →"我"对张雨"三分钟热度"

的看法 → _____ → 张雨的近况。

3. 熟悉范文《我的"三分钟热度"朋友》中的表达范例。

重点词语或结构	例　句
从……到……	从幼儿园到大学，我和张雨一直在一起学习。
	从童年一直到结婚生孩子，我从来都没离开过家乡。
毕竟	虽然也常常联系，但毕竟不能经常见面了。
	虽然这次旅行遇到了很多不高兴的事，但毕竟增长了不少见识。
再也没（有）……过	突然有一天把二胡挂到了墙上，从那以后就再也没有拿下来过。
	大学毕业以后，很多同学就再也没有见过面。
却	很多人都觉得"三分钟热度"是张雨的缺点，我却不这么看。
	大家都觉得汉字最难学，我却不这么认为。
说实话，……	说实话，我内心真的很羡慕她"三分钟热度"的个性。
	说实话，虽然我们俩平时联系不多，但我们是最真心的朋友。

3 写作实践　[建议用时：20分钟]

小组活动 1：两人一组，试一试，写一写。（可以增加、减少或改变一些词语）

1. 试试看，用"虽然……，但……"改写下面的句子。

> 很多人都觉得"三分钟热度"是张雨的缺点，我却不这么看。

2. 试试看，用"张雨……过……"把下面画线的部分改写成两个句子。

> 张雨的"三分钟热度"让她见识广泛：别人没有看过的书，她翻过；别人没有经历过的事，她经历过。

3. 下面的语段中，哪些地方省略了"我们"？哪一个词语可以换成"却"？

> 大学毕业后，我们分开了，在不同的城市工作。虽然也常常联系，但毕竟不能经常见面了。

4. 试试看，用"……。其实，……"改写下面的语段。

> 大学毕业后，我和张雨分开了，不能常常在一起了。但我们还是很好的朋友，虽然不能常常见面，但联系却非常多。

5.试试看，用"从……到……"和"再也没（有）……过"改写下面的语段。

> 我和李明从小学就在一起学习，高中和大学也在同一个学校读书。大学毕业以后，我们有了不同的工作，我一直没有再见到他。但我们有时候会用电子邮件联系，或者发个短信互相问候一下。

6.请模仿下面的语段，写一写你对"什么是朋友"的看法。（请注意变色字部分）

> **很多人都觉得**"三分钟热度"是张雨的缺点，**我却不这么看**。三分钟可以做什么呢？人生其实不需要什么大的成功，只要高兴就好。张雨的内心其实很简单：做任何事情，只要开心就好。

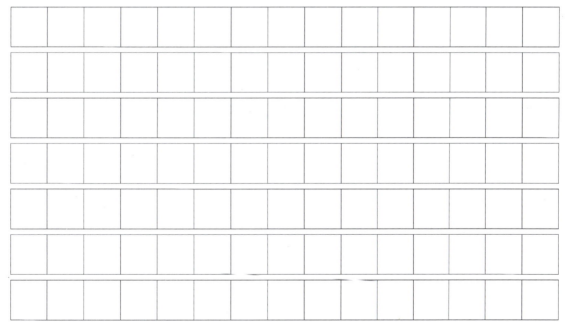

（100字）

小组活动 II：两人一组，说说"三分钟热度"的坏处。（可以尝试使用范文《我的"三分钟热度"朋友》中的重点词语或结构）

小组活动 III：两人一组，互相说一说自己的个性，并写一写。（可以尝试使用范文《我的"三分钟热度"朋友》中的重点词语或结构）

					我	的	个	性				

（100字）

课后作文 ［建议用时：15分钟］

1. 参考题目：（请选择一个题目，你也可以自己想一个题目）

（1）我的老板

（2）我的同事

（3）我未来的女朋友 / 男朋友

（4）＿＿＿＿＿＿＿＿＿

2. 口头作文：

（1）我选择的题目是：＿＿＿＿＿＿＿＿＿

（2）我的写作思路是：＿＿＿＿＿＿＿＿＿＿＿＿＿＿＿＿＿＿＿

＿＿＿＿＿＿＿＿＿＿＿＿＿＿＿＿＿＿＿＿＿＿＿＿＿＿＿＿＿

（3）可能用到的词语、句式有：＿＿＿＿＿＿＿＿＿＿＿＿＿＿＿

＿＿＿＿＿＿＿＿＿＿＿＿＿＿＿＿＿＿＿＿＿＿＿＿＿＿＿＿＿

3. 作文要求：

（1）请根据你选择的题目，写一篇550～600字的作文。

（2）内容表述清楚，层次分明，符合汉语的表达习惯。

（3）尽可能用上本课学习的语言知识（词汇、语法、关联词语、重点词语或结构等）。

（4）最好写在方格稿纸上。

我的作品 [课下完成]

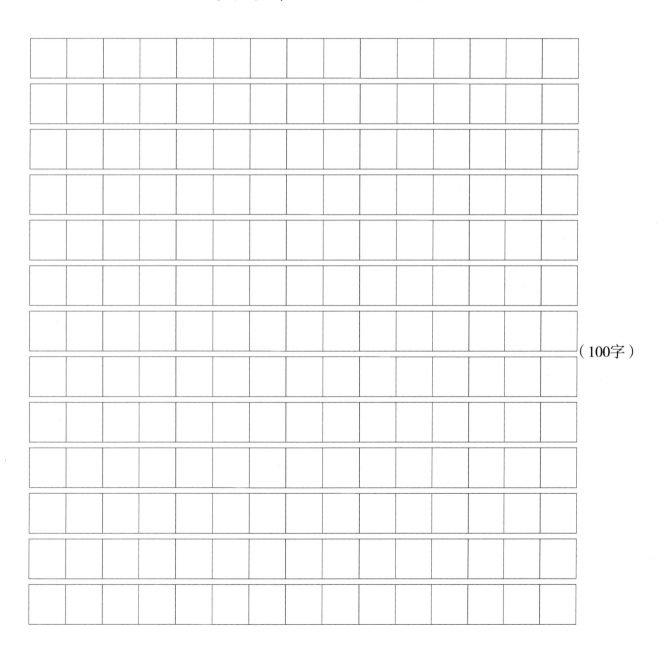

（100字）

（200字）

（300字）

（400字）

（500字）

（600字）

17 香港之旅

教师总评

优佳表达

偏误分析

学习心得

愉快走入第17课

1 范文阅读　［建议用时：10分钟］

1. 请同学们默读范文。
2. 教师领读或师生齐读范文。
3. 再次默读范文并体会文章的结构方式。

香港之旅

　　我喜欢旅游，去过很多地方，可给我印象最深的是香港。尽管每个地方都有属于自己的特色①和文化，但我跟朋友们每次谈起旅游的事情，都觉得香港最有特色，在香港过得最舒服。为什么呢？因为香港的生活跟中国内地的生活很不一样。

　　香港的公共交通非常发达。人们可以在任何地方选择巴士、地铁和的士，到哪儿都不用担心。虽然城市拥挤，但几乎从来不堵车，所以花在路上的时间很短。

　　虽然是繁忙②的大都市，但香港也有很多休闲③的好地方。比如喝茶，可以说是香港的特色。在香港，喝茶的意思就是一边喝茶，一边吃点心。茶非常好喝，点心也有好多种类，可以随便选择。我们去香港的时候，有一个对香港

---

① 特色（tèsè）：salient feature, hallmark　事物的独特风格、色彩等。
② 繁忙（fánmáng）：busy　事情多，没有时间。
③ 休闲（xiūxián）：be not working, have a leisure life　休息，过不忙的生活。

非常熟悉的朋友带着我们逛街。她陪我们去喝茶，还去吃牛奶布丁④。在香港，有各种各样的甜品，牛奶布丁是最有名的甜品之一。很可惜，当时我的牙不舒服，吃不了很多。饮料也有许多种类，特别是果汁，在一家饮料店，我们看到了二十多种果汁。

香港还有两个特色，也给我留下了深刻⑤的印象。一个是夜景，另一个是垃圾桶。早就听说"香港的夜景价值连城⑥"，看最美丽的香港夜景，一定要到山顶上去。从那里向下看，可以看到最美的夜景——街上的灯全亮着，简直就是星星的海洋。香港的垃圾桶不是很常见，但每个垃圾桶上面都有这样一些字：桶外扔垃圾违法⑦，最高可罚款两万五千港元以及入狱⑧6个月。或许正是因为如此，香港非常干净，没有人在街上吐痰⑨、乱扔垃圾。

最后想说的是，香港的车靠左行驶，如果想在香港开车，可得好好儿习惯一下。

（根据日本留学生高城晴香的习作改写）

2 范文分析 ［建议用时：15分钟］

1. 解读范文《香港之旅》。

（1）找出描写"我"对香港的印象的语句。

_____

（2）找出说明"我"对香港的看法的语句。

_____

（3）为什么说香港的交通非常发达？

_____

（4）找出说明在香港喝茶的意思的语句。

_____

---

④ 布丁（bùdīng）：pudding　一种点心。
⑤ 深刻（shēnkè）：deep, profound　内心感受程度很深的。
⑥ 价值连城（jiàzhí lián chéng）：invaluable, priceless　形容非常宝贵。
⑦ 违法（wéifǎ）：break the law　不遵守法律。
⑧ 入狱（rùyù）：be imprisoned, go to prison　关到监狱里。
⑨ 吐痰（tǔ tán）：spit　把嘴里的痰吐出来。

（5）找出描写香港甜品的语句。

_____

（6）找出"我"评价牛奶布丁的语句。

_____

（7）找出表示转折关系的关联词语。

_____

（8）在香港，应该怎么看夜景？

_____

（9）香港的垃圾桶有什么特点？

_____

（10）文章介绍了香港的几个特色？

_____

2. 分析范文《香港之旅》的写作思路。

《香港之旅》的写作思路是这样的："我"对香港的印象 → _____

_____ → _____ → 在香港开车

靠左行驶。

3. 熟悉范文《香港之旅》中的表达范例。

重点词语或结构	例　句
尽管……，但……	尽管每个地方都有属于自己的特色和文化，但我觉得香港最有特色。
	尽管父母都不同意我当医生，但我真的很喜欢这个职业。
v. + pron.（表示疑问）（+ n.）+ 都	人们可以在任何地方选择巴士、地铁和的士，到哪儿都不用担心。
	我有很多朋友在香港，在香港旅游时去什么地方都不用发愁。
可以说是	香港也有很多休闲的好地方。比如喝茶，可以说是香港的特色。
	北京有很多著名的旅游景点，万里长城可以说是我最喜欢的一个。
最……之一	在香港，有各种各样的甜品，牛奶布丁是最有名的甜品之一。
	在中国，我喜欢去各种地方旅游，香港是我最喜欢的地方之一。
一个……，另一个……	香港还有两个特色，也给我留下了深刻的印象。一个是夜景，另一个是垃圾桶。
	这个城市有两个方面我非常不喜欢，一个是空气，另一个是交通。

3 写作实践　[建议用时：20分钟]

小组活动 I：两人一组，试一试，写一写。（可以增加、减少或改变一些词语）

1. 试试看，用"尽管……，但……"改写下面的句子。

> 我喜欢旅游，去过很多地方，可给我印象最深的是香港。
>
> _____
>
> _____

2. 下面的语段中，什么地方可以加上"为什么呢？因为……"？

> 早就听说"香港的夜景价值连城"，看最美丽的香港夜景，一定要到山顶上去。从那里向下看，可以看到最美的夜景——街上的灯全亮着，简直就是星星的海洋。
>
> _____
>
> _____
>
> _____

3. 下面的语段中，什么地方可以加上"或许正是因为如此"？

> 香港的公共交通非常发达。人们可以在任何地方选择巴士、地铁和的士，到哪儿都不用担心。虽然城市拥挤，但几乎从来不堵车，所以花在路上的时间很短。
>
> _____
>
> _____
>
> _____

4. 试试看，用"可以说是"改写下面的句子。

> 在香港，有各种各样的甜品，牛奶布丁是最有名的甜品之一。

5. 试试看，把"为什么呢？因为在八月份的青岛国际啤酒节上，能喝到各种牌子的啤酒"前面的内容补充出来。

> 为什么呢？因为在八月份的青岛国际啤酒节上，能喝到各种牌子的啤酒。

6. 试试看，用"一个……，另一个……"把"我不选择黄金周出去旅行，主要有两个原因"后面的内容补充出来。

> 我不选择黄金周出去旅行，主要有两个原因。

7. 请模仿下面语段的结构方式，写一段话。（请注意变色字部分）

> 虽然是繁忙的大都市，但香港也有很多休闲的好地方。比如喝茶，可以说是香港的特色。在香港，喝茶的意思就是一边喝茶，一边吃点心。茶非常好喝，点心也有好多种类，可以随便选择。

（100字）

小组活动 II：两人一组，说说你的旅游经历。（可以尝试使用范文《香港之旅》
中的重点词语或结构）

小组活动 III：两人一组，说说你所在城市的特色。（可以尝试使用范文《香港之
旅》中的重点词语或结构）

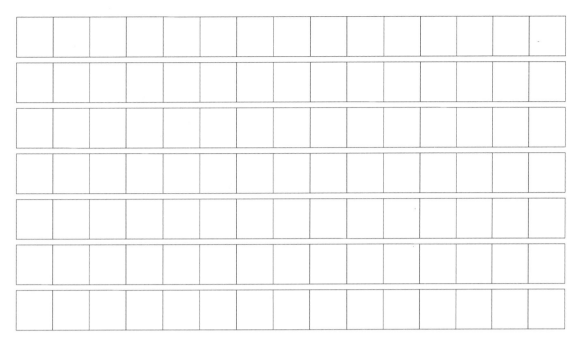

			我	所	在	城	市	的	特	色			

（100字）

课后作文 ［建议用时：15分钟］

1. 参考题目：（请选择一个题目，你也可以自己想一个题目）

（1）中国之旅

（2）难忘的城市

（3）难忘的浪漫之旅

（4）_____

2. 口头作文：

（1）我选择的题目是：_____

（2）我的写作思路是：_____

_____

（3）可能用到的词语、句式有：_____

_____

3. 作文要求：

（1）请根据你选择的题目，写一篇550～600字的作文。

（2）内容表述清楚，层次分明，符合汉语的表达习惯。

（3）尽可能用上本课学习的语言知识（词汇、语法、关联词语、重点词语或结构等）。

（4）最好写在方格稿纸上。

◇◆◇◆◇◆◇◆◇◆◇◆◇◆◇◆◇◆◇◆◇◆◇◆◇◆◇◆◇◆◇◆◇◆◇◆◇◆

我的作品 ［课下完成］

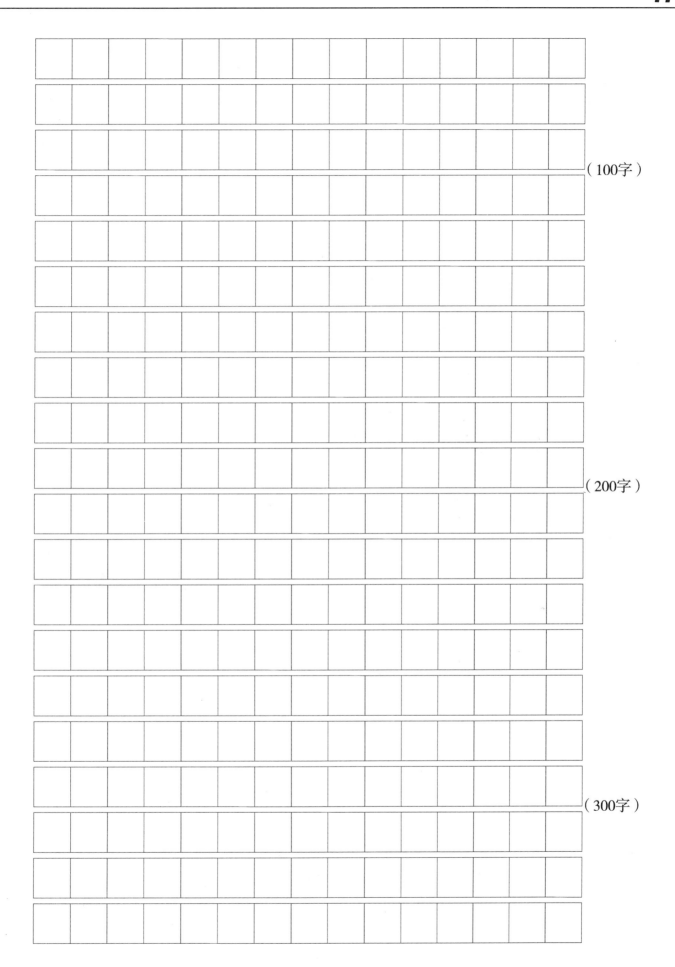

（100字）

（200字）

（300字）

（400字）

（500字）

（600字）

18 如何刷牙

上次作文讲评 ［建议用时：35分钟］

教师总评

优佳表达

偏误分析

学习心得

愉快走入第18课

1 范文阅读 ［建议用时：10分钟］

1. 请同学们默读范文。
2. 教师领读或师生齐读范文。
3. 再次默读范文并体会文章的结构方式。

如何刷牙

虽然我们每天都刷牙，但却很少有人知道正确的刷牙方法。今天，我们就谈谈正确的刷牙方法。

首先，每次刷牙的时间不应该少于3分钟。国内外研究表明，科学刷牙的最合适的次数和时间是"三、三、三"。即每天刷3次，每次都在饭后3分钟后刷，每次刷3分钟。这是因为饭后3分钟，正是口腔中的细菌①开始活动的时刻。一般情况下，我们为了节约时间，特别是早上上班之前，常常三下两下就刷完了，恐怕连1分钟都不到。为了牙齿健康，大家应该坚持"三、三、三"刷牙法。

其次，刷牙不能使用过冷或过热的水。研究表明，牙齿最舒服的温度在30℃～36℃之间。刷牙不注意水温，长时间让牙齿受到忽冷忽热的刺激②，不

---

① 细菌（xìjūn）: germ, bacterium　微生物的一种，有的对人类有利，有的能引起疾病。
② 刺激（cìjī）: stimulate　热、声、光等引起生物体活动或变化。

仅容易引起牙龈③出血，而且会直接影响牙齿的寿命④。为了牙齿健康，我们应该使用30℃～36℃之间的温水，把牙齿在舒服的温度下刷干净。

第三，刷牙不应只采用横⑤刷法。刷牙的方法是否合适，比刷牙次数更重要。横向刷牙比较快，而且符合⑥多数人的习惯，但横向刷牙对牙齿和牙龈的损害⑦都比较大。正确的方法应该是上下刷，也就是使用竖⑧刷法。长期坚持竖刷法，可以有效防止牙龈出血。当然，在竖刷的同时，也可以偶尔使用横刷法，只是时间不要太长。

最后，不要使用质量不好的牙刷。即使你的刷牙方法正确无误，但使用质量不好的牙刷，只能给牙齿带来损害，所以一定要选用质量好的牙刷。出去旅游时，最好带自己的牙刷，不要用宾馆、饭店准备的牙刷。

牙齿不但是吃饭的工具，而且还能向别人展现我们的美丽。爱护牙齿，就是爱护健康、爱护美丽。

2 范文分析　［建议用时：15分钟］

1. 解读范文《如何刷牙》。

（1）每个人都知道正确的刷牙方法吗？

_____

（2）找出说明刷牙时间的语句。

_____

（3）找出说明国内外研究结论的语句。

_____

（4）找出说明要在饭后3分钟刷牙的原因的语句。

_____

（5）一般情况下，我们怎么刷牙？

_____

---

③ 牙龈（yáyín）：gums　牙齿周围的粉红色组织。

④ 寿命（shòumìng）：lifespan　生存的年限。

⑤ 横（héng）：horizontal　和地面平行的。

⑥ 符合（fúhé）：accord with　（数量、形状、方法等）没有差异，相一致。

⑦ 损害（sǔnhài）：harm, damage　使……受到伤害、损失。

⑧ 竖（shù）：vertical　和地面垂直的。

（6）找出说明适合牙齿的温度的语句。

（7）刷牙不注意水温，会产生什么后果？

（8）找出说明横刷法坏处的语句。

（9）找出说明竖刷法好处的语句。

（10）为了牙齿健康，刷牙应该注意哪些方面？

2. 分析范文《如何刷牙》的写作思路。

《如何刷牙》的写作思路是这样的：很少有人知道正确的刷牙方法→＿＿＿＿＿＿＿＿＿

＿＿＿＿＿→＿＿＿＿＿＿＿＿＿＿→＿＿＿＿＿＿＿＿＿＿＿＿→＿＿＿＿＿

＿＿＿＿＿＿＿＿＿＿→ 牙齿的重要性。

3. 熟悉范文《如何刷牙》中的表达范例。

重点词语或结构	例　句
……于	首先，每次刷牙的时间不应该少于 3 分钟。
	今年去国外留学的人数明显多于去年。
一般情况下	一般情况下，我们为了节约时间，常常三下两下就刷完了。
	一般情况下，这里冬天最冷时候的温度也就在 0℃ 左右。
研究表明	研究表明，牙齿最舒服的温度在 30℃～36℃ 之间。
	国内外研究表明，正确的刷牙方法比刷牙次数更重要。
不仅……，而且……	长时间让牙齿受到忽冷忽热的刺激，不仅容易引起牙龈出血，而且会直接影响牙齿的寿命。
	自私的人，不仅不会做别人的朋友，而且也不会有真正的朋友。
是否	刷牙的方法是否合适，比刷牙次数更重要。
	工作的环境是否舒适，是我找工作最重要的标准。
对 + n.（NP）/ pron.（PP）+ 的 + v.	横向刷牙对牙齿和牙龈的损害都比较大。
	这虽然是一件小事，但对大家的影响太大了。

3 写作实践 ［建议用时：20分钟］

小组活动 1：两人一组，试一试，写一写。（可以增加、减少或改变一些词语）

1. 试试看，用"一般情况下"和"……，即……"改写下面的语段。

> 为了节约时间，我们常常使用横刷法，几下就把牙刷完了。其实，正确的方法应该是上下刷，也就是使用竖刷法。

2. 下面的句子中，什么地方省略了"不仅"？

> 横向刷牙比较快，而且符合多数人的习惯，但横向刷牙对牙齿和牙龈的损害都比较大。

3. 试试看，用"研究表明"和"对 + n.（NP）/ pron.（PP）+ 的 + v."改写下面的句子。

> 刷牙不注意水温，长时间让牙齿受到忽冷忽热的刺激，不仅容易引起牙龈出血，而且会直接影响牙齿的寿命。

4.试试看，用"不仅……，而且……"和"……，即……"改写下面的语段。

> 牙齿是吃饭的工具，还能向别人展现我们的美丽。爱护牙齿，就是爱护健康、爱护美丽。

5.试试看，把下面画线部分的几个句子改写成肯定句。

> 正确的刷法方法应该是：首先，每次刷牙的时间不应该少于3分钟。其次，刷牙不能使用过冷或过热的水。第三，刷牙不应只采用横刷法。最后，不要使用质量不好的牙刷。

6.请模仿下面的语段，写一段话。（请注意变色字部分）

> 正确的刷法方法应该是：首先，每次刷牙的时间不应该少于3分钟。其次，刷牙不能使用过冷或过热的水。第三，刷牙不应只采用横刷法。最后，不要使用质量不好的牙刷。

（100字）

小组活动 II：两人一组，说说你的刷牙方法。（可以尝试使用范文《如何刷牙》中的重点词语或结构）

小组活动 III：两人一组，说说如何保护眼睛。（可以尝试使用范文《如何刷牙》中的重点词语或结构）

					如	何	保	护	眼	睛				

（100字）

课后作文 ［建议用时：15分钟］

1. 参考题目：（请选择一个题目，你也可以自己想一个题目）

（1）如何保护牙齿

（2）如何保护视力

（3）影响牙齿健康的因素

（4）_____

2. 口头作文：

（1）我选择的题目是：＿＿＿＿＿＿＿＿

（2）我的写作思路是：＿＿＿＿＿＿＿＿＿＿＿＿

＿＿＿＿＿＿＿＿＿＿＿＿＿＿＿＿＿＿＿

（3）可能用到的词语、句式有：＿＿＿＿＿＿＿＿＿

＿＿＿＿＿＿＿＿＿＿＿＿＿＿＿＿＿＿＿

3. 作文要求：

（1）请根据你选择的题目，写一篇550～600字的作文。

（2）内容表述清楚，层次分明，符合汉语的表达习惯。

（3）尽可能用上本课学习的语言知识（词汇、语法、关联词语、重点词语或结构等）。

（4）最好写在方格稿纸上。

我的作品 ［课下完成］

（100字）

（200字）

（300字）

（400字）

（500字）

（600字）

第一次打工

上次作文讲评 ［建议用时：35分钟］

偏误分析

学习心得

愉快走入第19课

1 范文阅读 ［建议用时：10分钟］

1. 请同学们默读范文。
2. 教师领读或师生齐读范文。
3. 再次默读范文并体会文章的结构方式。

19/6/14

第一次打工

shùn lì = smooth/successful

　　读完高中，我顺利考上了理想的大学。离开学还有两个月，我想去打工。
pocket money
我不想读大学了还跟父母要零花钱。我在网上发了很多自己的简历①，每天拿
着手机等消息，或在网上看有没有人给我回复②。

manage
　　第四天，我终于等到了一个机会，一家咖啡馆需要一名前台③服务员。我
去面试，经理问了我几个问题后，工作就开始了。

across one's face = mǎn liǎn　　hú zi = beard/moustache
　　一天中午，咖啡馆里没有几个人，我在前台也没什么事。这时进来一个
又高又大的男人，满脸胡子，脸上、衣服上有很多红色的东西，看起来非常像
yí pì gu
血。他一屁股④坐在靠近门口的椅子上，大声说："来杯咖啡！"我看着这个人，
bù guāng
心里很害怕。不光我害怕，其他的顾客⑤好像也很害怕，他们的咖啡还没喝完，
not only

---

① 简历（jiǎnlì）：résumé, CV　简单的经历；对个人学历、经历等的书面介绍。
② 回复（huífù）：reply　回答，答复。（多指书信）
③ 前台（qiántái）：front desk　酒吧、宾馆等的服务台。
④ 一屁股（yípìgu）：in an instant　一下子，表示很短的时间。
⑤ 顾客（gùkè）：customer, shopper, client　买东西或接受服务的人。

就都悄悄地离开了。这时，我的第一个反应是必须马上报警。但如果打电话的话，肯定会被这个人发现。我只有按⑥报警的暗铃了。为了避免发生意外的情况，咖啡馆在前台的桌子底下安了一个报警暗铃，经理再三跟我说只有遇到非常紧急⑦的情况时，才可以使用那个暗铃。我把手伸进桌子底下，按了暗铃。

真快！不到五分钟，好几个警察突然出现在咖啡馆门口。他们冲进来，问我发生了什么事。我用手指了指门口那个全身是"血"的男人。警察走过去，和那个人说了一些话，然后又回来问我："怎么了？他对你做过什么吗？"我说："为什么他全身都是血？"警察睁大眼睛看着我："你说什么？那不是血，他是个油漆工⑧！以后遇到这种情况一定要看清楚再报警，明白了吗？"

这就是我第一次打工的故事，不光我自己忘不了，听过我这个故事的人也都忘不了。

2 范文分析　［建议用时：15分钟］

1. 解读范文《第一次打工》。

（1）开学前"我"有什么计划？
我想去打工。

（2）找出说明"我"想去打工的原因的语句。
我不想读大学了还跟父母要零花钱。

（3）"我"是怎么找工作的？
我在网上发了很多自己的简历。

（4）"我"找到了一份什么工作？
在咖啡馆里，一名前台服务员。

（5）那天中午咖啡馆里是什么情况？
咖啡馆里没有几个人

（6）找出描写那个男人的样子的语句。
他又高又大，满脸胡子，脸上，衣服上有很多红色的东西，看起来非常像血。

（7）找出描写"我"看见那个男人后的心理的语句。
我的心里很害怕。

---

⑥ 按（àn）：press, push down　用手指压。

⑦ 紧急（jǐnjí）：urgent, emergent　必须立刻采取行动的。

⑧ 油漆工（yóuqīgōng）：painter (for painting buildings, walls, etc.)　把油漆涂在建筑物表面的工人。

（8）找出描写顾客看到这个男人后的表现的语句。

_____

（9）"我"是怎么报的警？

_____

（10）找出描写警察动作的语句。

_____

2. 分析范文《第一次打工》的写作思路。

《第一次打工》的写作思路是这样的："我"计划去打工 → _____

____ → _____ → _____ → 这次打工是

一次难忘的经历。

3. 熟悉范文《第一次打工》中的表达范例。

重点词语或结构	例　句
就	我去面试，经理问了我几个问题后，工作就开始了。
	那个公司很好找，我们出了地铁站，又往前走了几分钟就找到了。
没（有）+ pron.（表示疑问）（+ m.）+ n. / NP	一天中午，咖啡馆里没有几个人，我在前台也没什么事。
	周末我去了一家书店，里面没什么人，我觉得也没几本好书。
不光……，也……	不光我害怕，其他的顾客好像也很害怕。
	这儿不光交通不方便，买东西也不方便，所以房租比较便宜。
再三	经理再三跟我说只有遇到非常紧急的情况时，才可以使用那个暗铃。
	我再三告诉他不要迟到，可他还是迟到了。
只有……，才……	只有遇到非常紧急的情况时，才可以使用那个暗铃。
	很多工作只有亲自做过，才知道是怎么回事。

3 写作实践　[建议用时：20分钟]

小组活动 I：两人一组，试一试，写一写。（可以增加、减少或改变一些词语）

1.下面的语段中，什么地方可以加上"因为"？

> 离开学还有两个月，我想去打工。我不想读大学了还跟父母要零花钱。

2. 试试看，用"就"改写下面的句子。

> 真快！不到五分钟，好几个警察突然出现在咖啡馆门口。

3. 试试看，用"不光……，也……"、"没多少人"、"再三"、"只有……，才……"
   改写下面的语段。

> 找到了在咖啡馆的工作，我和爸爸妈妈都很高兴。这份工作很舒服，因为来咖啡馆的人很少。经理多次告诉我，如果遇到危险就按那个暗铃，但一般情况下，不能使用那个暗铃。

4. 试试看，改写下面的语段，把其中的冒号（：）和引号（" "）去掉。

> 警察走过去，和那个人说了一些话，然后又回来问我："怎么了？他对你做过什么吗？"我说："为什么他全身都是血？"警察睁大眼睛看着我："你说什么？那不是血，他是个油漆工！以后遇到这种情况一定要看清楚再报警，明白了吗？"

5. 试试看，把"这时，我把手伸进桌子底下，按了暗铃"前面的情况补充完整。

_____

_____

_____ 这时，我把手伸进桌子底下，按了暗铃。

6. 请模仿下面的语段，写一段话，说说你心里的想法。（变色部分已给出模仿示例）

我看着这个人，心里很害怕。不光我害怕，其他的顾客好像也很害怕，他们的咖啡还没喝完，就都悄悄地离开了。这时，我的第一个反应是必须马上报警。但如果打电话的话，肯定会被这个人发现。我只有按报警的暗铃了。

		我	第	一	次	看	见	他	，	心	里	特	别	兴
奋	。													

（100字）

小组活动 II：两人一组，说说你打工时找工作的经历。（可以尝试使用范文《第一次打工》中的重点词语或结构）

小组活动 III：两人一组，说说你打工的一次经历。（可以尝试使用范文《第一次打工》中的重点词语或结构）

					打	工	的	经	历					

（100字）

课后作文 [建议用时：15分钟]

1. 参考题目：（请选择一个题目，你也可以自己想一个题目）

（1）第一次打工

（2）第一次面试

（3）如何找到好工作

（4）_____

2. 口头作文：

（1）我选择的题目是：_____

（2）我的写作思路是：_____

_____

（3）可能用到的词语、句式有：_____

_____

3. 作文要求：

（1）请根据你选择的题目，写一篇550～600字的作文。

（2）内容表述清楚，层次分明，符合汉语的表达习惯。

（3）尽可能用上本课学习的语言知识（词汇、语法、关联词语、重点词语或结构
　　　等）。

（4）最好写在方格稿纸上。

我的作品 ［课下完成］

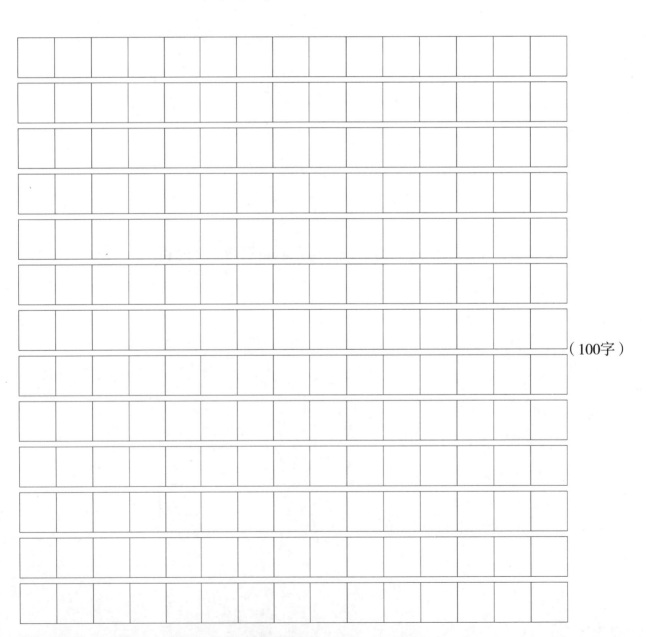

（100字）

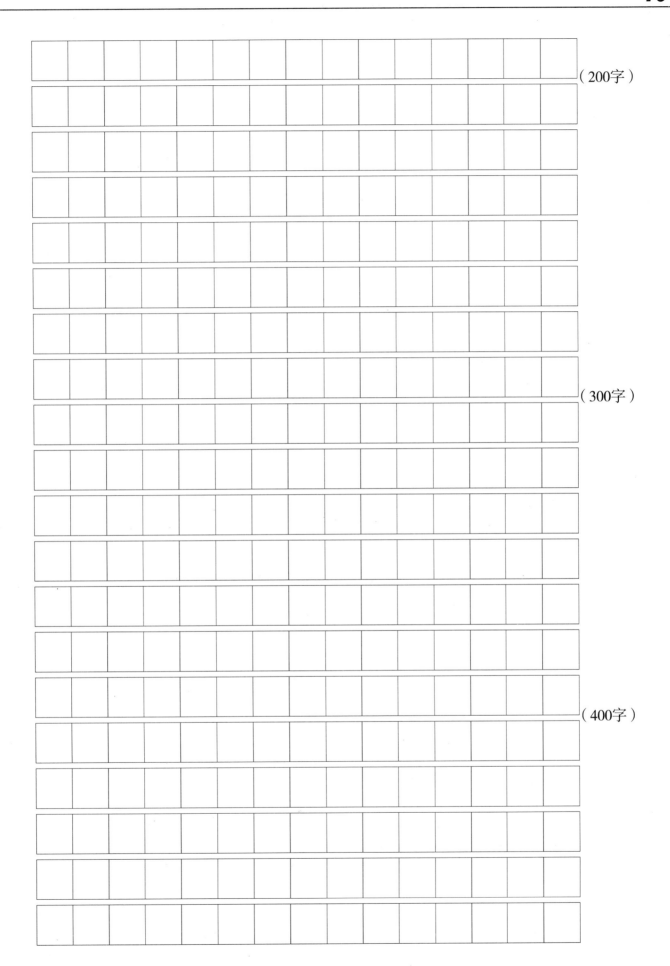

（200字）

（300字）

（400字）

（500字）

（600字）

20 网络合租广告

上次作文讲评 ［建议用时：35分钟］

教师总评

优佳表达

偏误分析

学习心得

愉快走入第20课

1 范文阅读　[建议用时：10分钟]

1. 请同学们默读范文。
2. 教师领读或师生齐读范文。
3. 再次默读范文并体会文章的结构方式。

网络合租广告

我租了一个房子，但是房子太大了，一共150平方米。本来是和朋友一起住，可是他中间回国了。我觉得一个人住实在太浪费了，想找一个人合租。

下面，我具体介绍一下我房子的情况。

我的房子周围环境很不错，购物①和交通都很方便，出门走路不到3分钟就是地铁站和汽车站。虽然在城市的中心区，但房子的前后都是公园和花园，比较安静。附近住的人大部分都是上班的年轻白领②，也有刚毕业的大学生、研究生和来中国学习汉语的留学生。他们在这里求职③、工作、学习、旅游。大家年龄差不多，有共同语言，互帮互助，关系比较融洽④。我相信，在北京这座大城市，很难找到周围环境这么好的房子。

---

① 购物（gòu wù）：shop, purchase　买东西。

② 白领（báilǐng）：white-collar employee　从事脑力工作的职员。

③ 求职（qiúzhí）：look for a job　找工作。

④ 融洽（róngqià）：be on good terms　关系很好。

　　我的房子包括两间卧室、两个卫生间，还有客厅、餐厅和厨房。房子装修⑤得很好，房间里有空调、洗衣机、冰箱⑥、电视、电话和必要的家具，住着很舒服，这也是我不想搬家的主要原因。就是房租有点儿贵，一个月7000元。不过两个人住的话，一人3500元，就不算很贵了。

　　另外，我从不抽烟，也不喜欢别人抽烟，但是喜欢喝点儿啤酒。所以如果有人想和我合租，最好也不抽烟。我非常喜欢弹吉他，也非常喜欢运动。如果是学生（大学生、研究生、留学生）更好，男生女生都可以，我们可以一起学习、讨论问题、锻炼，还可以一起唱歌。

　　说了半天，还没告诉你我的名字呢。我叫杰克，来自美国，今年23岁。如果有人想和我合租，请和我联系，可以打电话，也可以发邮件。我的电话是010-13801380，我的电子邮箱⑦是jieke@yahoo.com。如果觉得我介绍得不具体，也可以先来看看房子再作决定。

2 范文分析　[建议用时：15分钟]

1. 解读范文《网络合租广告》。

（1）找出说明房子大小的语句。

_____

（2）找出说明"我"想找人合租的原因的语句。

_____

（3）找出描写房子周围环境的语句。

_____

（4）找出描写"我"和周围住的人之间关系的语句。

_____

（5）找出说明房子结构的语句。

_____

（6）找出说明房租情况的语句。

_____

⑤装修（zhuāngxiū）：fit up (a house, etc.)　让房子变得漂亮，并在里面放置家具、电器等。
⑥冰箱（bīngxiāng）：refrigerator　冷藏物品的电器。
⑦电子邮箱（diànzǐ yóuxiāng）：email address　网络中的信箱。

（7）"我"不想搬家的主要原因是什么？

_____

（8）"我"对合租者的希望是什么？

_____

（9）找出介绍"我"的爱好的语句。

_____

（10）如果有人想合租，怎么联系"我"？

_____

2. 分析范文《网络合租广告》的写作思路。

《网络合租广告》的写作思路是这样的：杰克有一个大房子，想找人合租。他首先分两个方面介绍了房子的具体情况：（1）_____，（2）_____ _____；然后介绍了自己的_____；最后告诉大家_____。

3. 熟悉范文《网络合租广告》中的表达范例。

重点词语或结构	例　句
本来	**本来**是和朋友一起住，可是他中间回国了。
	本来我想去机场送他，可那天有急事，没去成。
下面，……	**下面**，我具体介绍一下我房子的情况。
	今天是李明的生日。下面，请大家一起唱"生日快乐歌"。
不过	房租有点儿贵，**不过**两个人住的话，就不算很贵了。
	这个房子周围环境很好，屋内设备也很齐全，不过离公司有点儿远。
就是……	我的房子住着很舒服，**就是**房租有点儿贵，一个月7000元。
	这个工作我很喜欢，工资也很高，就是离家有点儿远。
如果……，也可以……	**如果**觉得我介绍得不具体，**也可以**先来看看房子再作决定。
	如果你觉得来我家不方便，我也可以去你哪儿。

3 写作实践　［建议用时：20分钟］

小组活动 I：两人一组，试一试，写一写。（可以增加、减少或改变一些词语）

1. 下面的语段中，什么地方省略了"另外"？

> 我非常喜欢弹吉他，也非常喜欢运动。合租者可以是男生，也可以是女生。我们可以一起学习、讨论问题、锻炼，还可以一起唱歌。我从不抽烟，所以如果有人想和我合租，最好也不抽烟。

2. 试试看，用"因为……，所以……"改写下面的句子。

> 房子装修得很好，房间里有空调、洗衣机、冰箱、电视、电话和必要的家具，住着很舒服，这也是我不想搬家的主要原因。

3. 下面的语段中，哪些词语可以换成"不过"？什么地方省略了"就是"？什么地方省略了"所以"？

> 我租了一个房子，但是房子太大了，一共150平方米。本来是和朋友一起住，可是他中间回国了。我的房子周围环境很不错，在北京很难找到这么舒服的房子。我觉得一个人住实在太浪费了，想找一个人合租。

4.试试看，把"就是冬天的时候有点儿冷"前面的内容补充完整。

> ＿＿＿＿＿＿＿＿＿＿＿＿＿＿＿＿＿＿＿＿＿＿＿＿＿＿＿＿＿＿＿＿＿＿
>
> ＿＿＿＿＿＿＿＿＿＿＿＿＿＿＿＿＿＿＿＿＿＿＿＿＿＿＿＿＿＿＿＿＿＿
>
> ＿＿＿＿＿＿＿＿＿＿＿＿＿＿＿＿＿就是冬天的时候有点儿冷。

5.请模仿下面的语段，介绍一下你的房子。

> 　　我的房子包括两间卧室、两个卫生间，还有客厅、餐厅和厨房。房子装修得很好，房间里有空调、洗衣机、冰箱、电视、电话和必要的家具，住着很舒服，这也是我不想搬家的主要原因。就是房租有点儿贵，一个月7000元。不过两个人住的话，一人3500元，就不算很贵了。
>
> ＿＿＿＿＿＿＿＿＿＿＿＿＿＿＿＿＿＿＿＿＿＿＿＿＿＿＿＿＿＿＿＿＿＿
>
> ＿＿＿＿＿＿＿＿＿＿＿＿＿＿＿＿＿＿＿＿＿＿＿＿＿＿＿＿＿＿＿＿＿＿
>
> ＿＿＿＿＿＿＿＿＿＿＿＿＿＿＿＿＿＿＿＿＿＿＿＿＿＿＿＿＿＿＿＿＿＿
>
> ＿＿＿＿＿＿＿＿＿＿＿＿＿＿＿＿＿＿＿＿＿＿＿＿＿＿＿＿＿＿＿＿＿＿

6.请模仿下面的语段，用"我们班的同学"、"他们"、"大家"介绍一下你们班的同学。（请注意变色字部分）

> 　　附近住的人大部分都是上班的年轻白领，也有刚毕业的大学生、研究生和来中国学习汉语的留学生。他们在这里求职、工作、学习、旅游。大家年龄差不多，有共同语言，互帮互助，关系比较融洽。

（100字）

小组活动 II：两人一组，说说合租广告可以包括哪些内容。（可以尝试使用范文《网络合租广告》中的重点词语或结构）

小组活动 III：两人一组，说说如果你有一所房子要租出去，怎么写出租广告，并写一写。（可以尝试使用范文《网络合租广告》中的重点词语或结构）

（100字）

课后作文 ［建议用时：15分钟］

1. 参考题目：（请选择一个题目，你也可以自己想一个题目）

（1）一则合租广告（大卫一个人住一所大房子，想找一个人合租。请你根据下列内容写一则合租广告）

---

1. 房子基本情况：普通住宅，120平方米，精装修，第3层（一共8层）
2. 环境：市中心，离公园和地铁站不太远，附近两家大型超市和商场，环境安静
3. 户型：南北朝向，两室一厅两卫。两个大房间（25～30m²/间），有厨房
4. 配置：床、热水器、洗衣机、冰箱、电视机、网络、电话、空调，家具齐全
5. 条件：不吸烟者优先，大学生、研究生更好，男女不限
6. 房租：月付，每月3000元
7. 联系人：大卫，美国人，男，25岁
8. 联系电话：010-38001234，电子邮件：dawei@hotmail.com

（2）一则求租广告

（3）一则出租广告

（4）_____

2. 口头作文：

（1）我选择的题目是：_____

（2）我的写作思路是：_____

_____

（3）可能用到的词语、句式有：_____

_____

3. 作文要求：

（1）请根据你选择的题目，写一篇550～600字的作文。

（2）内容表述清楚，层次分明，符合汉语的表达习惯。

（3）尽可能用上本课学习的语言知识（词汇、语法、关联词语、重点词语或结构等）。

（4）最好写在方格稿纸上。

我的作品 ［课下完成］

（100字）

（200字）

（300字）

（400字）

（500字）

（600字）

中国古代的思想家和教育家
——孔子

上次作文讲评 ［建议用时：35分钟］

📋 教师总评

📋 优佳表达

偏误分析

天
天
向
上

学习心得

愉快走入第21课

1 范文阅读 ［建议用时：10分钟］

1. 请同学们默读范文。
2. 教师领读或师生齐读范文。
3. 再次默读范文并体会文章的结构方式。

中国古代的思想家和教育家——孔子

　　孔子（Confucius）的故乡是山东省曲阜（Qūfù）市，如果他还活着的话，到今天已经2500多岁了。虽然孔子出生于2500多年前，但他却一直活在中国人的心里，因为孔子的儒家①思想后来成了中华民族的主流②文化。

　　孔子不但是中国伟大的思想家，也是中国伟大的教育家。孔子及其思想对中国的影响是非常巨大的，例如，儒家的中庸③思想在当今中国社会仍有非常广泛的影响。

　　孔子之所以被称为思想家，很大程度上是因为《论语》这本书。《论语》并不是孔子自己写的，而是他去世后他的学生们根据他的言行④整理⑤而成的，是一部记录孔子思想和言行的著作。《论语》的内容非常丰富，包括怎么做人、

---

① 儒家（Rújiā）：Confucianism　以孔子为代表的一种思想。
② 主流（zhǔliú）：mainstream, essential or main aspect, main trend　事物发展的主要方面。
③ 中庸（zhōngyōng）：the doctrine of the mean　待人接物采取调和折中的态度。
④ 言行（yánxíng）：words and deeds　言语和行为。
⑤ 整理（zhěnglǐ）：sort out, arrange　使有条理。

君子的言行、道德标准、学习思想（包括学习的态度、方法、内容、目的等）、教育思想、政治思想、社会管理，以及中医等。书中的很多名句，例如"己所不欲，勿施于人"（自己不想做的事，不要强加给别人）、"不患寡而患不均"（不担心东西少，而担心分配不公平）、"见贤思齐"（见到贤人就想要和他看齐）等，直到今天仍然具有很强的影响力。

孔子之所以被称为教育家，主要是因为他的教育方式及教育观点。在中国封建社会⑥，除了贵族⑦，一般人没有受教育的权利。然而，孔子的教育方式很开放，任何人只要喜欢，都可以做他的学生。他在教学过程中提出了很多著名的观点，例如"有教无类"（任何人都可以接受教育）、"因材施教"（对不同的学生，使用不同的教学方法）、"温故而知新"（复习旧的知识，可以得到新的理解）、"三人行必有我师"（几个人一起走路，其中一定有人能做我的老师）等。

孔子一生都在积极传播⑧自己的思想，他的很多观点，即使在今天，也仍然具有非常重要的意义。

2 范文分析 ［建议用时：15分钟］

1. 解读范文《中国古代的思想家和教育家——孔子》。

（1）找出介绍孔子在中国人心中地位的语句。

_____

（2）找出评论孔子的语句。

_____

（3）孔子为什么被称为思想家？

_____

（4）孔子为什么被称为教育家？

_____

（5）中国封建社会，只有什么人可以受教育？

_____

（6）找出介绍孔子思想观点的重要语句。

_____

---

⑥ 封建社会（fēngjiàn shèhuì）：feudal society 一种社会形态。

⑦ 贵族（guìzú）：noble, nobleman 社会上享有特殊权利的人。

⑧ 传播（chuánbō）：spread far and wide, publicize 让更多的人知道。

（7）找出介绍孔子教育观点的重要语句。

_____

（8）找出介绍孔子思想的影响力的语句。

_____

（9）你觉得孔子的哪些观点即使在今天也仍然具有非常重要的意义？

_____

2. 分析范文《中国古代的思想家和教育家——孔子》的写作思路。

《中国古代的思想家和教育家——孔子》的写作思路是这样的：介绍孔子的生平 → ____

____ → _____ → _____

_____ 。

3. 熟悉范文《中国古代的思想家和教育家——孔子》中的表达范例。

重点词语或结构	例　句
如果……的话	**如果**他还活着**的话**，到今天已经 2500 多岁了。
	如果你想找到一位满意的合租者的话，最好把合租广告写清楚一些。
仍	儒家的中庸思想在当今中国社会**仍**有非常广泛的影响。
	虽然我的工作完成得不错，但仍有一些需要继续改进的地方。
之所以……，是因为……	孔子**之所以**被称为思想家，很大程度上**是因为**《论语》这本书。
	我之所以不喜欢吃麦当劳，主要是因为那里的人太多。
很大程度上	孔子之所以被称为思想家，**很大程度上**是因为《论语》这本书。
	经济的发展水平，在很大程度上决定了教育的发展水平。
即使……，也……	他的很多观点，**即使**在今天，**也**仍然具有非常重要的意义。
	《霸王别姬》是部好电影，即使再过一百年，也还会有人喜欢。

3 写作实践 ［建议用时：20分钟］

小组活动Ⅰ：两人一组，试一试，写一写。（可以增加、减少或改变一些词语）

1. 试试看，用"只有……，才……"、"即使……，也……"改写下面的语段。

在中国封建社会，除了贵族，一般人没有受教育的权利。然而，孔子的教育方式很开放，没有钱的人，不是贵族的人，只要喜欢，就可以做他的学生。

_____

_____

2. 试试看，用"之所以……，是因为……"改写下面的句子。

> 虽然孔子出生于2500多年前，但他却一直活在中国人的心里，因为孔子的儒家思想后来成了中华民族的主流文化。

3. 试试看，用"正如……所说"改写下面的句子。

> 其实，我们复习旧的知识，也能够得到新的理解和体会，即得到新的知识。因此，孔子说，"温故而知新"。

4. 下面的语段中，什么地方省略了"然而"？

> 孔子之所以被称为思想家，很大程度上是因为《论语》这本书。《论语》并不是孔子自己写的，而是他的学生们根据他的言行整理而成的，是一部记录孔子思想和言行的著作。

5. 试试看，改写下面的语段：在（1）中删掉"以及"，在（2）中加上"以及"。

> （1）《论语》的内容非常丰富，包括怎么做人、君子的言行、道德标准、学习思想、教育思想、政治思想、社会管理，以及中医等。（2）他在教学过程中提出了很多著名的观点，例如"有教无类"、"因材施教"、"温故而知新"、"三人行必有我师"等。

6.为什么说"三人行必有我师"？请用"之所以……，是因为……"解释一下。

7.请模仿下面的语段，评价你熟悉的一位历史人物。（请注意变色字部分）

> 孔子不但是中国伟大的思想家，也是中国伟大的教育家。孔子及其思想对中国的影响是非常巨大的，例如，儒家的中庸思想在当今中国社会仍有非常广泛的影响。

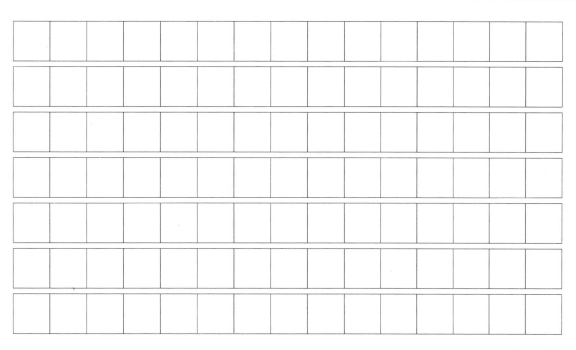

（100字）

小组活动 II：两人一组，结合范文，说说你对孔子的了解。（可以尝试使用范文《中国古代的思想家和教育家——孔子》中的重点词语或结构）

小组活动 III：两人一组，介绍一位你熟悉的历史人物（介绍一个最重要的方面）。（可以尝试使用范文《中国古代的思想家和教育家——孔子》中的重点词语或结构）

			我	熟	悉	的	一	位	历	史	人	物			

（100字）

课后作文 ［建议用时：15分钟］

1. 自己想一个题目，介绍一位你熟悉的历史名人。

2. 口头作文：

（1）我的题目是：＿＿＿＿＿＿＿＿＿

（2）我的写作思路是：＿＿＿＿＿＿＿＿＿＿＿＿＿＿＿＿

＿＿＿＿＿＿＿＿＿＿＿＿＿＿＿＿＿＿＿＿＿

（3）可能用到的词语、句式有：＿＿＿＿＿＿＿＿＿＿＿＿＿＿

＿＿＿＿＿＿＿＿＿＿＿＿＿＿＿＿＿＿＿＿＿

3. 作文要求：

（1）请根据你选择的题目，写一篇600～700字的作文。

（2）内容表述清楚，层次分明，符合汉语的表达习惯。

（3）尽可能用上本课学习的语言知识（词汇、语法、关联词语、重点词语或结构等）。

（4）最好写在方格稿纸上。

我的作品 ［课下完成］

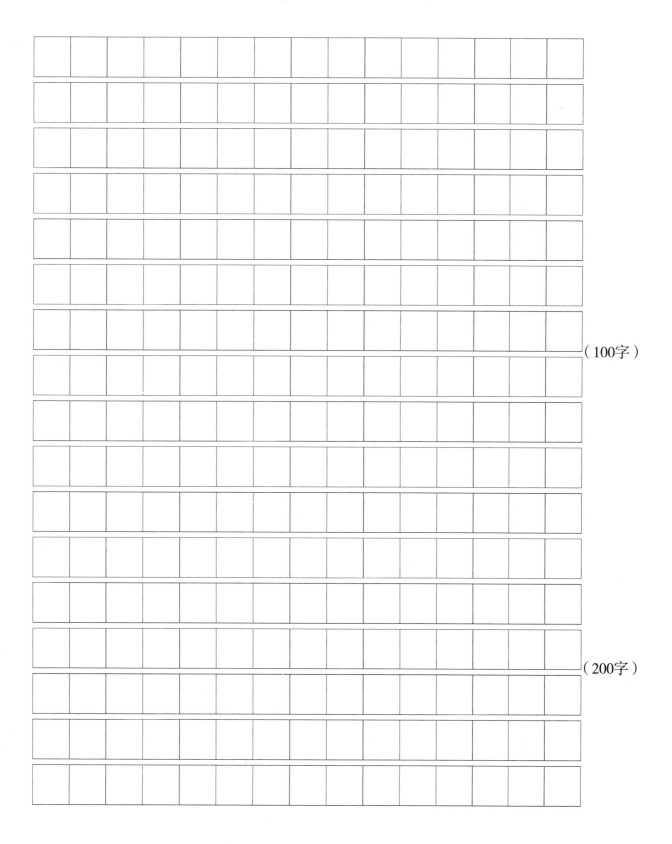

（100字）

（200字）

（300字）

（400字）

（500字）

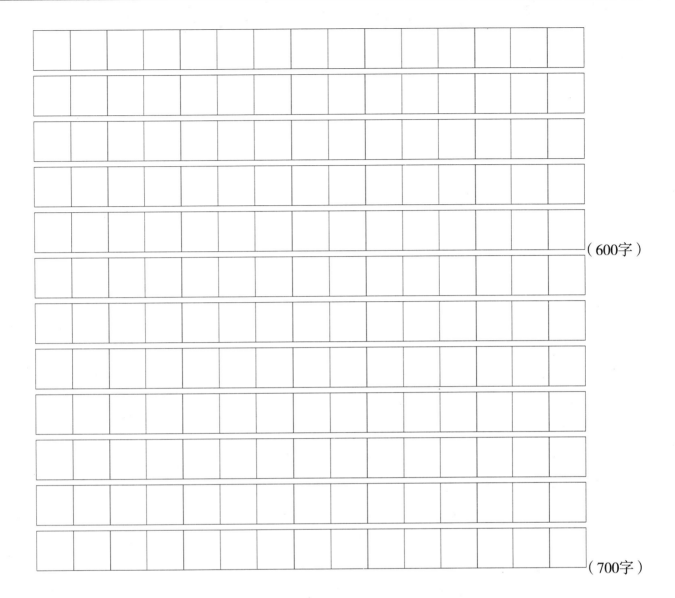

（600字）

（700字）

城市和农村：哪儿更适合孩子成长

上次作文讲评 ［建议用时：35分钟］

教师总评

优佳表达

偏误分析

学习心得

愉快走入第22课

1 范文阅读 [建议用时：10分钟]

1. 请同学们默读范文。
2. 教师领读或师生齐读范文。
3. 再次默读范文并体会文章的结构方式。

城市和农村：哪儿更适合孩子成长

　　我自己是在农村长大的，毫无疑问①，我觉得孩子最好在城市长大。对孩子来说，城市的生活要比农村好得多。和农村相比，城市有更好的学校、医院，更便利②的交通，能让孩子更快、更多地了解外面的世界。

　　对所有的父母和孩子来说，健康和教育无疑③是两件最重要的事情。一些设施④和条件很好的医院一般都在城市，因此，如果孩子在农村病了，几乎没有好医院可以去。而如果生活在城市，这完全不是问题。此外，城市的教育质量一般也比较高。对世界上大多数国家来说，好学校、好老师一般都集中在大城市，城市的教育水平一般比农村高。更重要的是，孩子在城市中接受教育，常常能学到更好的学习方法，养成更好的学习习惯，比农村更有利于培养⑤社会活动能力。

---

① 毫无疑问（háo wú yíwèn）：undoubtedly　一点儿都不用怀疑。
② 便利（biànlì）：convenient, easy　容易达到目的。
③ 无疑（wúyí）：beyond doubt　没有疑问。
④ 设施（shèshī）：facilities, installation　为满足某种需要建立的机构、建筑等。
⑤ 培养（péiyǎng）：foster, develop　按照一定的目的进行教育。

其次，孩子生活在城市，在城市长大，会比在农村见到更多的新事物，得到更多的信息，接触到更多的文明。孩子在城市可以通过报纸、电视、网络等各种媒体⑥获得各个方面的信息，迅速了解外面的世界，开阔⑦自己的视野⑧，扩大自己的知识面。同时，由于城市的文化环境比较开放，孩子的见闻也会比在农村生活的孩子多得多。他们会更懂得如何和他人交往，如何去尊重⑨他人。因此，孩子在城市长大，能比较多地了解外面的世界，对他们的未来发展非常有利。

最后，城市的交通发达、方便，如果带孩子出去，可以选择地铁、出租车、公共汽车等不同的交通工具，想去哪儿就去哪儿。相比之下，如果孩子生活在农村，去哪儿都不会那么方便。

当然，"读万卷书"还要"行万里路"，如果孩子只是生活在城市这个圈子里，好像也少了点儿什么。因此，利用假期去农村看一看，也是非常必要的。

2 范文分析　［建议用时：15分钟］

1. 解读范文《城市和农村：哪儿更适合孩子成长》。

（1）找出表达作者观点的语句。

_____

（2）对孩子来说，城市比农村好在哪些方面？

_____

（3）对父母和孩子来说，什么最重要？

_____

（4）找出对比城市和农村医院设施和条件的语句。

_____

（5）找出对比城市和农村教育的语句。

_____

（6）找出对比孩子生活在城市和农村差别的语句。

_____

---

⑥ 媒体（méitǐ）：media　指报纸、广播、电视、网络等传播信息的工具。
⑦ 开阔（kāikuò）：broaden　使范围更宽、更大。
⑧ 视野（shìyě）：field of vision, horizon　眼睛看到的空间范围。借指见识的广度。
⑨ 尊重（zūnzhòng）：respect　对人有礼貌，尊敬。

（7）生活在城市的孩子如何获得信息、开阔视野？

（8）找出对比城市和农村交通条件的语句。

（9）为什么说"去农村看一看也是非常必要的"？

（10）找出"孩子最好在城市长大"的原因。

2. 分析范文《城市和农村：哪儿更适合孩子成长》的写作思路。

《城市和农村：哪儿更适合孩子成长》的写作思路是这样的：说明孩子最好在城市长大
→ _____ → _____ → _____
→ 去农村看一看也是非常必要的。

3. 熟悉范文《城市和农村：哪儿更适合孩子成长》中的表达范例。

重点词语或结构	例　句
毫无疑问	我自己是在农村长大的，毫无疑问，我觉得孩子最好在城市长大。
	我在青岛出生长大，毫无疑问，我对故乡青岛充满了感情。
对……来说	对孩子来说，城市的生活要比农村好得多。
	对我来说，有一份稳定的工作比什么都重要。
和……相比	和农村相比，城市有更好的学校、医院，更便利的交通。
	和热闹的大城市相比，我更喜欢生活在安静的农村。
更重要的是	更重要的是，孩子在城市中接受教育，常常能学到更好的学习方法。
	生活在农村，有安静的环境，更重要的是，生活成本不会很高。
想 + v. + pron.（表示疑问）+ 就 + v. + pron.（表示疑问）	城市的交通发达、方便，想去哪儿就去哪儿。
	父母向来对我不管不问，只要安全，我想做什么就做什么。
相比之下	……相比之下，如果孩子生活在农村，去哪儿都不会那么方便。
	农村的工作机会不是那么多，相比之下，在城市会比较容易找到工作。

3 写作实践 ［建议用时：20分钟］

小组活动 I：两人一组，试一试，写一写。（可以增加、减少或改变一些词语）

1. 试试看，用"毫无疑问"改写下面的句子。

> 对所有的父母和孩子来说，健康和教育无疑是两件最重要的事情。
>
> ⁀⁀⁀⁀⁀⁀⁀⁀⁀⁀⁀⁀⁀⁀⁀⁀⁀⁀⁀⁀⁀⁀⁀⁀⁀
>
> ⁀⁀⁀⁀⁀⁀⁀⁀⁀⁀⁀⁀⁀⁀⁀⁀⁀⁀⁀⁀⁀⁀⁀⁀⁀

2. 试试看，用"比……更……"改写下面的句子。

> 和农村相比，城市有更好的学校、医院，更便利的交通，能让孩子更快、更多地了解外面的世界。
>
> ⁀⁀⁀⁀⁀⁀⁀⁀⁀⁀⁀⁀⁀⁀⁀⁀⁀⁀⁀⁀⁀⁀⁀⁀⁀
>
> ⁀⁀⁀⁀⁀⁀⁀⁀⁀⁀⁀⁀⁀⁀⁀⁀⁀⁀⁀⁀⁀⁀⁀⁀⁀

3. 试试看，分别用"和……相比"和"相比之下"改写语段（1）和语段（2）。

> （1）一些设施和条件很好的医院一般都在城市，因此，如果孩子在农村病了，几乎没有好医院可以去。而如果生活在城市，这完全不是问题。
>
> （2）此外，城市的教育质量一般也比较高。对世界上大多数国家来说，好学校、好老师一般都集中在大城市，城市的教育水平一般比农村高。

4. 试试看，用"更重要的是"把下面的语段补充完整。

> 孩子在城市长大，能比较多地了解外面的世界，对他们的未来发展非常有利。**更重要的是**，_____
>
> _____
>
> _____

5. 下面的语段中，"当然"的前面省略了哪些内容？试试看，用"对……来说"改写下面画线部分的句子。

> _____
>
> _____。**当然**，"读万卷书"还要"行万里路"，<u>如果孩子只是生活在城市这个圈子里</u>，好像也少了点儿什么。
>
> _____

6. 请模仿下面的语段，说说生活在城市的不利方面。（请注意变色字部分）

> 孩子在城市可以通过各种媒体获得各个方面的信息，迅速了解外面的世界，开阔自己的视野，扩大自己的知识面。**同时**，由于城市的文化环境比较开放，孩子的见闻也会比在农村生活的孩子多得多。他们会更懂得如何和他人交往，如何去尊重他人。

（100字）

小组活动 II： 两人一组，说说生活在农村的有利方面。（可以尝试使用范文《城市和农村：哪儿更适合孩子成长》中的重点词语或结构）

小组活动 III： 两人一组，比较一下城市和农村的差别。（可以尝试使用范文《城市和农村：哪儿更适合孩子成长》中的重点词语或结构）

				城	市	和	农	村	的	差	别			

（100字）

课后作文 ［建议用时：15分钟］

1. 参考题目：（请选择一个题目，你也可以自己想一个题目）

（1）城市和农村：哪儿更适合居住

（2）城市和农村：哪儿更适合生活

（3）城市和农村：哪儿更适合个人发展

（4）_____

2. 口头作文：

（1）我选择的题目是：_____

（2）我的写作思路是：_____

_____

（3）可能用到的词语、句式有：_____

_____

3. 作文要求：

（1）请根据你选择的题目，写一篇600～700字的作文。

（2）内容表述清楚，层次分明，符合汉语的表达习惯。

（3）尽可能用上本课学习的语言知识（词汇、语法、关联词语、重点词语或结构等）。

（4）最好写在方格稿纸上。

我的作品 ［课下完成］

（100字）

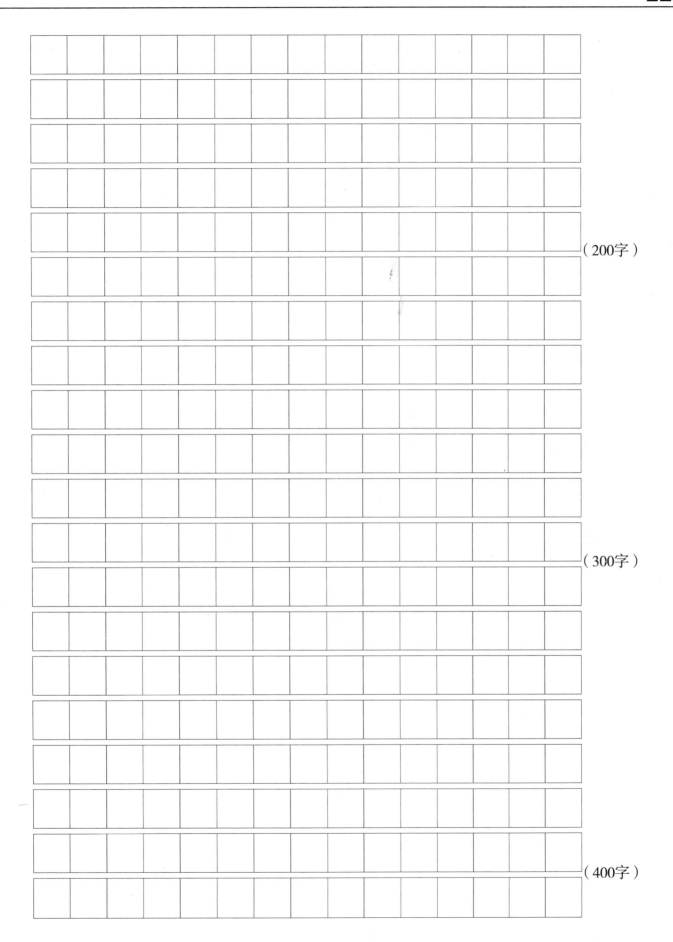

（200字）

（300字）

（400字）

（500字）

（600字）

（700字）

23 当世界末日到来

上次作文讲评 [建议用时：35分钟]

教师总评

优佳表达

偏误分析

学习心得

愉快走入第23课

1 范文阅读 ［建议用时：10分钟］

1. 请同学们默读范文。
2. 教师领读或师生齐读范文。
3. 再次默读范文并体会文章的结构方式。

当世界末日到来

　　世界末日到了。"世界安全委员会"已经向全世界发出通知，两天以后，地球将从宇宙①中彻底消失②。关于世界末日的说法，已经谈论了几百年，对于这一天的到来，人们都很平静。

　　为了不让人类彻底灭绝③，委员会早在5年以前就花很多钱制造了一艘宇宙飞船，打算把人类转移④到外星球上。可是飞船太小了，里面装上生活必需品、小动物、植物的种子以后，最多还能坐5个人。为此，委员会专门成立了一个小组，讨论到底让谁上飞船离开地球的问题。

　　专门小组首先从世界各国找到了15个不同行业⑤的人，分别是：工人、农民、教师、科学家、数学家、植物学家、动物学家、总统、医生、律师、司

---

① 宇宙（yǔzhòu）：universe, cosmos　包括地球等所有天体的无限的空间。
② 消失（xiāoshī）：disappear, vanish　逐渐减少，最后没有了。
③ 灭绝（mièjué）：become extinct　完全消失。
④ 转移（zhuǎnyí）：transfer, evacuate　从一个地方转换位置到另一个地方。
⑤ 行业（hángyè）：trade, profession　泛指职业，所从事的工作。

机、厨师、演员、警察、军人，打算从中选择5个，让他们离开地球。这15个人，到底谁该留下、谁该离开呢？经过讨论和投票⑥，他们决定让医生、农民、植物学家、动物学家和警察坐飞船离开地球。

人类到了外星球，由于环境的原因，身体可能会非常不舒服，甚至⑦会生病，因此医生对他们来说十分重要。另外，五个人到外星球后还要想办法让人类的生命延续下去，这时，医生也是其他行业的人代替不了的。

选择植物学家和动物学家，是为了到外星球上研究植物和动物的生长。虽然五个人带了很多植物的种子和小动物，但这些种子能否在外星球上长成植物，这些动物能否在外星球上生存下来，都还不能确定。植物学家和动物学家或许可以解决这个问题。

粮食⑧和食物是生活必需品，农民可以在植物学家的帮助下，种植⑨并生产出大量的粮食，解决人们的吃饭问题。因此，农民也被带上了飞船。

到了外星球，如果人类的数量越来越多，人与人之间可能会发生一些矛盾，所以警察也被留在了飞船上。

2 课堂作文

1. 参考话题：（请选择一个话题，自己想一个题目）

（1）当世界末日到来，到底谁该上飞船离开地球？请选择5个人。

（2）当世界末日到来，每人只能带5种东西，你会选择哪5种？

（3）当世界末日到来，最后24个小时，你会做哪些事？

2. 作文要求：

（1）请根据你选择的话题，发挥你的想象，自己想一个题目，写一篇600～700字的作文。

（2）内容表述清楚，层次分明，符合汉语的表达习惯。

（3）最好写在方格稿纸上。

---

⑥ 投票（tóupiào）：vote　选举的一种方式。

⑦ 甚至（shènzhì）：even, even to the extent that　表示程度更深。

⑧ 粮食（liángshi）：grain, cereals, food　可以吃的谷物、豆类等的统称。

⑨ 种植（zhòngzhí）：plant, grow　把植物的种子埋在土里，或把植物的幼苗栽到土里，让它长成植物。

我的作品 ［课下完成］

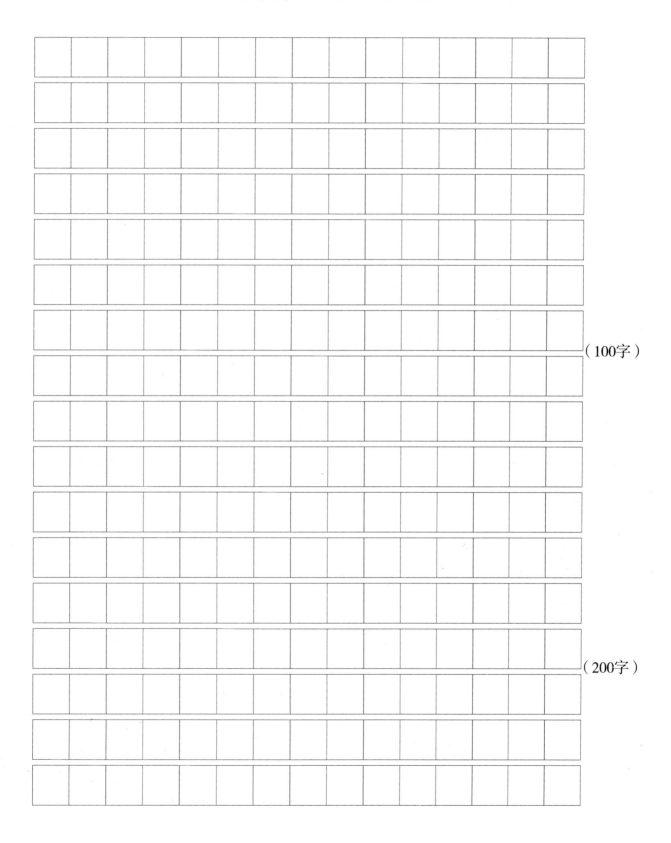

（100字）

（200字）

（300字）

（400字）

（500字）

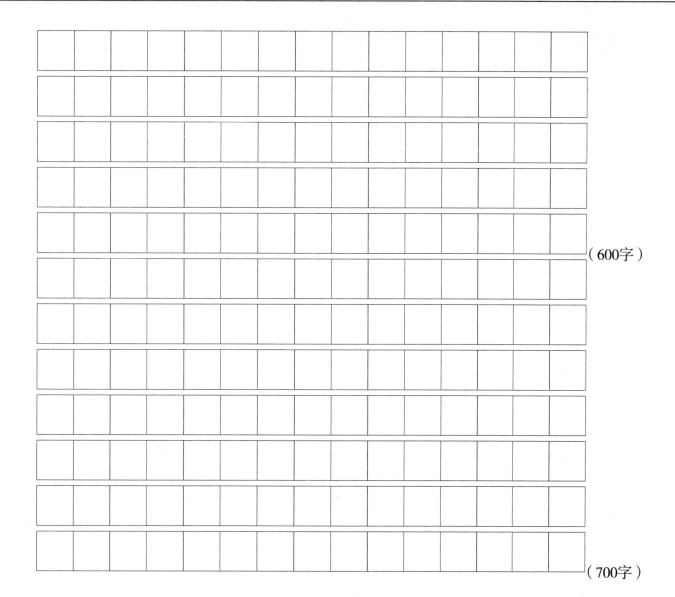

（600字）

（700字）

出行方式的变化

上次作文讲评 ［建议用时：35分钟］

教师总评

优佳表达

偏误分析

学习心得

愉快走入第24课

1 范文阅读 [建议用时：10分钟]

1. 请同学们默读范文。
2. 教师领读或师生齐读范文，注意文章的数字表达方式。
3. 再次默读范文并体会文章的结构方式。

出行方式的变化

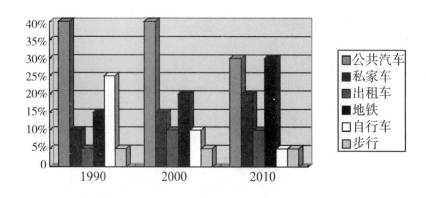

　　从以上图表可以看出，1990～2010年，人们对公共汽车、私家车、出租车、地铁、自行车等交通工具的选择发生了很大变化。

　　上图中，一个最显著①的变化，就是越来越多的人放弃了骑自行车，而选择坐地铁出行。2010年骑自行车出行的人数仅占5%，比1990年降低了20%。1990年，只有15%的人会选择坐地铁出行，而到了2010年，选择坐地铁出行的

---

① 显著（xiǎnzhù）: notable, remarkable　非常明显。

人数增加到了 30%，是 1990 年的 2 倍。值得注意的是，自行车本来是一种非常绿色的出行方式，但选择骑自行车的人数却在一直下降②，原因很值得调查。

另一个显著的变化是，私家车的数量在逐渐增加。从 1990 年到 2000 年，开私家车出行的人数增加了 5%，2010 年又在 2000 年的基础上增加了 5%，达到 20%。私家车数量的增加，以及越来越多的人选择坐地铁出行，可能是造成③坐公共汽车出行人数减少的原因。和 2000 年相比，2010 年选择公共汽车出行的人数只有 30%，减少了 10%。私家车数量不断增长④，说明人们的生活水平在不断提高，但私家车数量的迅速增长，也会对城市的交通造成很大的压力。

和其他交通工具相比，选择坐出租车出行的人数从 2000 年到 2010 年没有变化，而选择步行的人数 20 年来一直没有变化。

总之，20 年来，公共交通的发展非常迅速，特别是地铁。但选择公共汽车人数的减少，私家车数量的增长，可能会给城市交通和环境带来比较多的问题。政府部门⑤应该进一步⑥发展公共交通，鼓励人们选择公共汽车、地铁等公共交通工具，或骑自行车出行。

2 范文分析 ［建议用时：15分钟］

1. 解读范文《出行方式的变化》。

（1）图表表达的主要内容是什么？

_____

（2）三年的统计中，最显著的变化是什么？

_____

（3）找出说明骑自行车出行数量变化的语句。

_____

（4）值得注意和调查的一个现象是什么？

_____

（5）第二个显著的变化是什么？

_____

---

② 下降（xiàjiàng）：descend, go or come down, decrease 从高到低，从多到少。

③ 造成（zàochéng）：cause, give rise to 产生（不好的后果）。

④ 增长（zēngzhǎng）：increase, rise 增加，提高。

⑤ 部门（bùmén）：branch, department 组成整体的部分或单位。

⑥ 进一步（jìnyíbù）：further; go a step further 表示在程度上更高。

（6）找出说明私家车数量变化的语句。

_____

（7）找出说明选择公共汽车出行的人数减少的语句。

_____

（8）找出说明选择坐出租车出行和步行人数变化的语句。

_____

（9）找出说明文章结论的语句。

_____

（10）找出说明作者建议的语句。

_____

2. 分析范文《出行方式的变化》的写作思路。

　　《出行方式的变化》的写作思路是这样的：文章先指出从1990年到2010年，人们的出行方式发生了很大变化，然后指出_____，接着又指出_____，然后又指出选择坐出租车出行和步行的人数没有变化，最后，_____。

3. 熟悉范文《出行方式的变化》中的表达范例。

重点词语或结构	例　句
从……看出	从以上图表可以看出，1990～2010年，人们的出行方式发生了很大变化。
	从这件事能够看出，到底谁才是我最好的朋友。
占 + 比例，比……	2010年骑自行车出行的人数仅占5%，比1990年降低了20%。
	今年选择经济学专业的人数占30%，比去年提高了5%。
v.（表示变化）+ 到	到了2010年，选择坐地铁出行的人数增加到了30%。
	三年来，城市的失业人数已经减少到了6%。
是 + 比较对象 + 的 + num. + 倍	到了2010年，选择坐地铁出行的人数增加到了30%，是1990年的2倍。
	城市的失业人数已经减少到了6%，但仍是30年前的2倍。
在……基础上	2010年又在2000年的基础上增加了5%，达到20%。
	私家车的数量在去年的基础上又增加了100万辆，达到1200万辆。
总之	总之，20年来，公共交通的发展非常迅速，特别是地铁。
	私家车数量增加，给交通造成压力，对环境造成污染。总之，不是个好现象。

3写作实践　[建议用时：20分钟]

小组活动 I：两人一组，试一试，写一写。（可以增加、减少或改变一些词语）

1. 试试看，用"和……相比，……"改写下面的句子。

> 2010年骑自行车出行的人数仅占5%，比1990年降低了20%。
>
> _____
>
> _____

2. 试试看，用"v.（表示变化）+ 到"和"在……的基础上"分别改写下面的句子。

> 据统计，2000年的私家车数量只占全市汽车总量的20%，而2010年的私家车数量却占全市汽车总量的40%。
>
> _____
>
> _____

3. 试试看，用"占 + 比例"改写下面的画线部分。

> 1990年，只有15%的人会选择坐地铁出行，而到了2010年，选择坐地铁出行的人数增加到了30%，是1990年的2倍。
>
> _____
>
> _____

4. 下面的语段中，"总之"的前面省略了哪些内容？

> _____
>
> _____
>
> _____　　　　**总之**，20年来，公共交通的发展非常迅速，特别是地铁。

5. 试试看，用"增加"、"减少"、"倍"、"下降"、"降低"、"提高"等词语分析下面这组数字。

> 1990年分别招收硕士、博士1000名、500名；2000年分别招收硕士、博士1500名、800名。

6. 请用"一个显著的变化"和"另一个显著的变化"写一写你最近一年来的变化。

（100字）

小组活动 Ⅱ：两人一组，说说你们国家不同的人对交通工具的选择。（可以尝试使用范文《出行方式的变化》中的重点词语或结构）

小组活动 Ⅲ：两人一组，用数字比较一下你在中国和在你们国家的花销情况。（可以尝试使用范文《出行方式的变化》中的重点词语或结构）

					花	销	情	况	比	较				

（100字）

课后作文 ［建议用时：15分钟］

1. 参考题目：消费支出的变化。

下图是一个人1990年、2000年、2010年平均每个月的消费支出情况。

	租房	饮食	衣服	娱乐	学习用品	其他
1990年	800	500	300	400	50	100
2000年	1200	800	600	800	100	200
2010年	2000	1000	800	1200	200	300

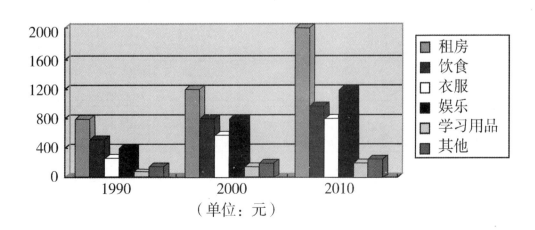

（单位：元）

2. 口头作文：

（1）我的题目是：＿＿＿＿＿＿＿＿＿＿

（2）我的写作思路是：＿＿＿＿＿＿＿＿＿＿＿＿＿＿＿＿＿＿＿＿＿＿＿

＿＿＿＿＿＿＿＿＿＿＿＿＿＿＿＿＿＿＿＿＿＿＿＿＿＿＿＿＿＿＿＿＿＿＿＿

（3）可能用到的词语、句式有：＿＿＿＿＿＿＿＿＿＿＿＿＿＿＿＿＿＿＿＿

＿＿＿＿＿＿＿＿＿＿＿＿＿＿＿＿＿＿＿＿＿＿＿＿＿＿＿＿＿＿＿＿＿＿＿＿

3. 作文要求：

（1）请写一篇600～700字的作文。

（2）内容表述清楚，层次分明，符合汉语的表达习惯。

（3）尽可能用上本课学习的语言知识（词汇、语法、关联词语、重点词语或结构等）。

（4）最好写在方格稿纸上。

我的作品 ［课下完成］

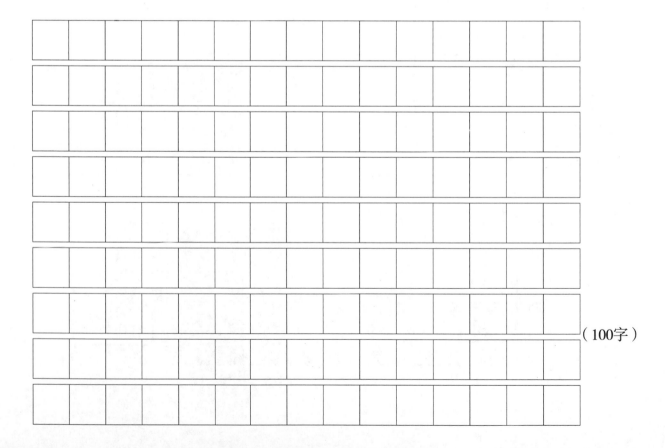

（100字）

（200字）

（300字）

（400字）

（500字）

（600字）

（700字）

25 该不该限制使用私家车

上次作文讲评 ［建议用时：35分钟］

教师总评

优佳表达

偏误分析

学习心得

愉快走入第25课

1 范文阅读 ［建议用时：10分钟］

1. 请同学们默读范文。
2. 教师领读或师生齐读范文。
3. 再次默读范文并体会文章的结构方式。

该不该限制使用私家车

近年来，随着①社会生活水平的提高，私家车的数量越来越多。私家车数量的迅速增加，对城市产生了巨大影响，交通拥挤、环境污染、能源②消耗、道路安全等已经成为人们广泛讨论的话题。政府部门正在尝试③通过限制使用、提高油价等办法，减少人们使用私家车。

限制使用私家车，给某些上班族造成了一定的困难。例如，对于商务④人士来说，如果不能使用自己的汽车，就会产生很多困难，如因为地铁、公共汽车、出租车等交通工具的不便，他们可能会因迟到而耽误⑤事。此外，对于一些残疾人⑥和有孩子的家庭来说，开自己的汽车去医院、幼儿园等也是非常重要的，如果限制私家车使用，也会给这些人造成很多不便。

---

① 随着（suízhe）：along with, following　表示一事物是另一事物发生变化的前提、条件。

② 能源（néngyuán）：energy resources　油、水等能产生能量的东西。

③ 尝试（chángshì）：attempt, try　试，试验。

④ 商务（shāngwù）：commercial affairs, business affairs　商业方面的事务。

⑤ 耽误（dānwu）：delay, hold up　因错过时机而不能达到目的。

⑥ 残疾人（cánjírén）：disabled person　身体方面有缺陷的人。

　　然而，限制使用私家车的好处远远大于坏处。首先，减少使用私家车可以大大降低交通拥挤。汽车数量不断增加，给城市交通造成了巨大的压力。虽然公共交通越来越发达，但好像远远不能解决交通拥挤的问题。限制使用私家车，无疑可以减轻交通压力，大大减少人们花在道路上的时间。这样，即使商务人士不开车，也能按时参加商务会议，按时与客户见面。对残疾人和有孩子的家庭来说，选择地铁、公共汽车、出租车等公共交通工具，可能也会比开私家车方便得多。其次，限制使用私家车、鼓励人们选用公共交通工具，可以大大减少城市的污染。最后，限制使用私家车还可以大大降低能源消耗。私家车使用的汽油、天然气等都是不可再生能源，减少使用私家车，就能大大节省这些能源。

　　总之，限制使用私家车，有利有弊⑦，但综合来看，利大于弊。

2 范文分析　[建议用时：15分钟]

1. 解读范文《该不该限制使用私家车》。

（1）找出说明私家车数量增加的语句。

_____

（2）找出说明私家车数量增加造成的后果的语句。

_____

（3）政府正在尝试用什么办法减少私家车的使用？

_____

（4）限制使用私家车可能会给商务人士造成什么困难？

_____

（5）限制使用私家车可能会给残疾人和有孩子的家庭造成什么困难？

_____

（6）找出对比限制使用私家车好处和坏处的语句。

_____

（7）找出说明限制使用私家车好处的语句。

_____

（8）限制使用私家车为什么可以降低交通拥挤？

_____

---

⑦ 弊（bì）: disadvantage 坏处；毛病。

（9）找出说明文章结论的语句。

_____

（10）作者的观点是什么？

_____

2. 分析范文《该不该限制使用私家车》的写作思路。

《该不该限制使用私家车》的写作思路是这样的：_____ →

_____ → _____ → 结论。

3. 熟悉范文《该不该限制使用私家车》中的表达范例。

重点词语或结构	例　句
随着	随着社会生活水平的提高，私家车的数量越来越多。
	随着春节的临近，各家商场和超市的生意越来越红火了。
通过……，……	政府部门正在尝试通过限制使用、提高油价等办法，减少人们使用私家车。
	通过运用网络、电视等现代媒体，我们能够快速获得各种信息。
因……而	因为交通工具的不便，他们可能会因迟到而耽误事。
	虽然比赛没有结果，但我们不得不因天气原因而停止了比赛。
远远	然而，限制使用私家车的好处远远大于坏处。
	对我来说，找一份稳定的工作远远比继续读书重要。
综合来看	限制使用私家车，有利有弊，但综合来看，利大于弊。
	生活在农村有好处也有坏处，但综合来看，好处远远多于坏处。

3 写作实践　[建议用时：20分钟]

小组活动1：两人一组，试一试，写一写。（可以增加、减少或改变一些词语）

1. 试试看，用"对于……来说，……"和"因……而"改写下面画线部分的句子。

> 减少使用私家车可以大大降低交通拥挤。即使商务人士不开车，也能按时参加商务会议，按时与客户见面，不会发生因为不开车就迟到的事情。
>
> _____
>
> _____

2. 试试看，用"随着"改写下面的句子。

> 私家车数量的迅速增加，对城市产生了巨大的影响，交通拥挤、环境污染、能源消耗、道路安全等已经成为人们广泛讨论的话题。

3. 试试看，用"通过……，……"把下面的语段补充完整。

> 最近，城市的空气质量越来越差了。我觉得，政府部门应该

4. 试试看，用"这样，……"把下面的语段补充完整。

> 限制使用私家车给人们造成了很多困难。因为地铁、公共汽车、出租车等交通工具的不便，很多人又不能自由使用自己的汽车。这样，

5. 下面的语段中，"综合来看"的前面省略了哪些内容？

> 综合来看，造成环境污染的因素是多方面的，私家车只是其中的因素之一。

6. 请根据"然而，私家车上路并不是造成堵车的主要原因"这句话，把语段（1）和语段（2）补充完整。

（1）

（2）然而，私家车上路并不是造成堵车的主要原因。

小组活动 II：两人一组，说说你对政府限制使用私家车的看法。（可以尝试使用范文《该不该限制使用私家车》中的重点词语或结构）

小组活动 III：汽车对城市的环境、交通等造成了巨大的影响。两人一组，谈谈你们国家对这个问题采取的对策。（可以尝试使用范文《该不该限制使用私家车》中的重点词语或结构）

（100字）

课后作文 ［建议用时：15分钟］

1. 参考题目：（请选择一个题目，你也可以自己想一个题目）

（1）该不该限制使用私家车

（2）城市为什么堵车

（3）如何解决城市的交通拥挤问题

（4）_____

2. 口头作文：

（1）我选择的题目是：_____

（2）我的写作思路是：_____

_____

（3）可能用到的词语、句式有：_____

_____

3. 作文要求：

（1）请根据你选择的题目，写一篇600～700字的作文。

（2）内容表述清楚，层次分明，符合汉语的表达习惯。

（3）尽可能用上本课学习的语言知识（词汇、语法、关联词语、重点词语或结构等）。

（4）最好写在方格稿纸上。

◆◇◆◇◆◇◆◇◆◇◆◇◆◇◆◇◆◇◆◇◆◇◆◇◆◇◆◇◆◇◆◇◆◇◆◇◆◇◆

我的作品 ［课下完成］

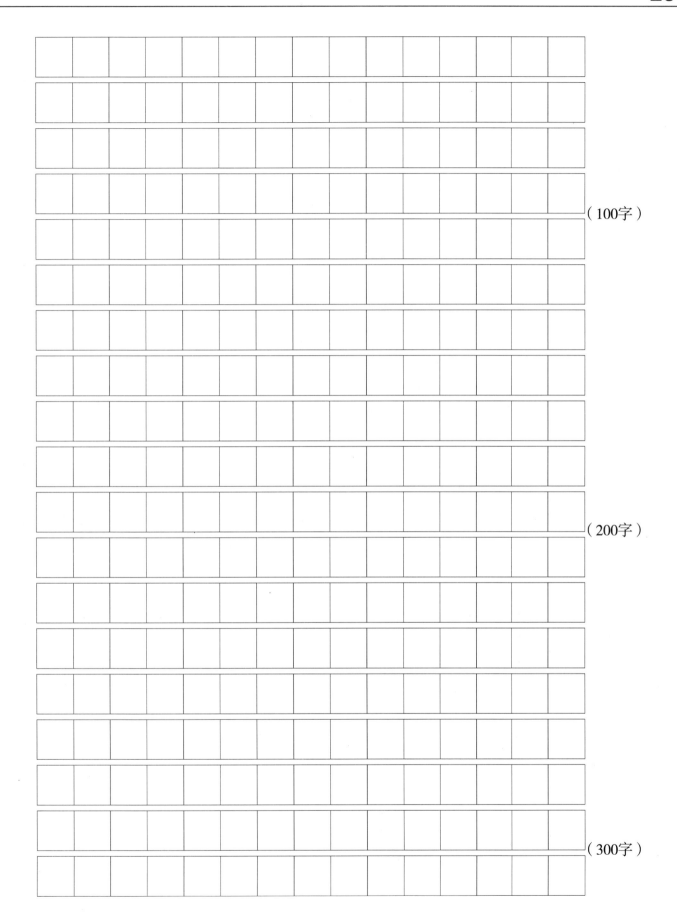

（100字）

（200字）

（300字）

（400字）

（500字）

（600字）

（700字）

 **旅游过度开发对景点的影响**

上次作文讲评 [建议用时：35分钟]

教师总评

优佳表达

偏误分析

学习心得

愉快走入第26课

1 范文阅读 ［建议用时：10分钟］

1. 请同学们默读范文。
2. 教师领读或师生齐读范文。
3. 再次默读范文并体会文章的结构方式。

旅游过度开发对景点的影响

随着旅游事业的不断发展，世界各地的游客正在成倍增长，大批游客给旅游景点造成了巨大的环境压力。例如，中国的万里长城和意大利的西斯廷大教堂（Sistine Chapel），由于大量游客的参观，造成了环境污染和景点保护困难等许多问题。

旅游景点受到破坏的因素很多。例如，由于游客的呼吸加大了西斯廷大教堂里空气的湿度①，使得教堂里的壁画不同程度地受到损坏②。此外，大批游客进出，对教堂的台阶、地面等也造成了很大的破坏。户外旅游景点的破坏也相当严重。以中国的万里长城为例，有的游客不喜欢走路爬长城，而是喜欢从别的没有路的地方爬上去，这种行为大大破坏了长城周围植物的生长；有的游客喜欢在长城的城墙上写上"不到长城非好汉"等文字，来证明自己来过；还有的游客随便扔垃圾，对长城的自然环境和景色造成了严重的破坏。

---

① 湿度（shīdù）：moisture, humidity　空气中含有的水分的多少。
② 损坏（sǔnhuài）：damage, break　破坏，失去了原来的样子。

那么，保护旅游景点有没有好的措施呢？有人曾建议关闭旅游景点，但我觉得这不是好的建议。一个美丽和充满艺术氛围③的景点，如果不让人们去看，还有什么价值④呢？其实，解决旅游开发对景点的破坏问题还有其他一些比较有效的办法。例如，可以限制旅游者的数量，游客少了，景点受破坏的程度就会大大降低。其次，可以制定严格的管理办法，规定哪些地方可以参观、哪些地方不能参观，参观时游客能做什么、不能做什么，等等。以万里长城和西斯廷教堂为例，可以规定游客必须通过已有的道路爬长城，游客观看壁画时必须戴上口罩⑤。另外，还可以根据旅游季节的不同采取不同的票价，在旅游的旺季⑥尽量提高门票的价格。

总之，如果我们不积极采取有效的保护措施，这些漂亮的景点迟早有一天会从我们的眼前消失，我们也将会最终⑦失去这些宝贵的财产。

2 范文分析 ［建议用时：15分钟］

1. 解读范文《旅游过度开发对景点的影响》。

（1）找出说明旅游事业发展造成的后果的语句。

_____

（2）中国的万里长城和意大利的西斯廷大教堂出现了什么问题？

_____

（3）西斯廷大教堂受到了哪些破坏？

_____

（4）万里长城受到了哪些破坏？

_____

（5）找出作者对关闭旅游景点看法的语句。

_____

（6）为了保护旅游景点，作者提出了几个建议？

_____

（7）找出说明门票价格变化的语句。

_____

---

③氛围（fēnwéi）：atmosphere, ambience　周围的气氛。

④价值（jiàzhí）：value　积极的作用或方面。

⑤口罩（kǒuzhào）：gauze mask　戴在嘴和鼻子上，防止灰尘和病菌的卫生用品。

⑥旺季（wàngjì）：busy season, peak period　营业旺盛的季节或某种东西出产多的季节。

⑦最终（zuìzhōng）：finally, ultimately　最后。

（8）找出表示举例的语句。

_____

（9）如果不积极采取有效的保护措施，会出现什么后果？

_____

（10）作者的观点是什么？

_____

2. 分析范文《旅游过度开发对景点的影响》的写作思路。

《旅游过度开发对景点的影响》的写作思路是这样的：_____

——→_____ ——→_____——→ 结论。

3. 熟悉范文《旅游过度开发对景点的影响》中的表达范例。

重点词语或结构	例　句
以……为例	以中国的万里长城为例，……。
	今年的游客增长迅速。以北京为例，今年比去年增长了10%。
还……呢	一个美丽和充满艺术氛围的景点，如果不让人们去看，还有什么价值呢？
	你们在这里大吵大闹，还怎么让我学习呢？
另外	……。另外，还可以根据旅游季节的不同采取不同的票价。
	超速行驶是造成交通事故的主要原因。另外，酒后驾车也是原因之一。
尽量	在旅游的旺季尽量提高门票的价格。
	明天有晚会，你尽量早来一会儿，帮我安排一下会场。
迟早	如果我们不积极采取有效的保护措施，这些漂亮的景点迟早有一天会从我们的眼前消失。
	如果你总是那么开车不小心，迟早要出事。

3 写作实践　[建议用时：20分钟]

小组活动 I：两人一组，试一试，写一写。（可以增加、减少或改变一些词语）

1. 下面的语段中，什么地方省略了"此外"？

由于游客的呼吸加大了西斯廷大教堂里空气的湿度，使得教堂里的壁画不同程度地受到损坏。大批游客进出，对教堂的台阶、地面等也造成了很大的破坏。

_____

2. 下面的语段中，哪些地方省略了"这种行为"？

以中国的万里长城为例，有的游客不喜欢走路爬长城，而是喜欢从别的没有路的地方爬上去，大大破坏了长城周围植物的生长；有的游客喜欢在长城的城墙上写上"不到长城非好汉"等文字，来证明自己来过；还有的游客随便扔垃圾，对长城的自然环境和景色造成了严重的破坏。

3. 下面的语段中，什么地方省略了"那么"？

总之，如果我们不积极采取有效的保护措施，这些漂亮的景点迟早有一天会从我们的眼前消失，我们也将会最终失去这些宝贵的财产。

4. 试试看，用"还……呢"、"尽量"和"迟早"改写下面的语段。

如果不及时保护这些旅游景点，我们有一天可能会彻底失去它们，到那时，游客们可能就没有什么可以看的了。因此，政府部门应该赶快制定一些措施，来保护这些景点，而且越早越好。

5. 试试看，用"另外"把下面的语段补充完整。

世界各地的游客成倍增长，这给旅游景点的环境造成了巨大压力。另外，

6. 下面的语段中，"以北京地区为例"的前面省略了哪些内容？

_____

_____

_____ 以北京地区为例，2011年啤酒的消量是2010年的2倍多。

7. 请根据"那么，旅游景点遭到破坏的原因有哪些呢"这句话，把语段（1）和语段（2）补充完整。

（1）_____

_____

_____

（2）那么，旅游景点遭到破坏的原因有哪些呢？_____

_____

_____

小组活动 II：两人一组，说说旅游景点为什么会遭到破坏。（可以尝试使用范文《旅游过度开发对景点的影响》中的重点词语或结构）

小组活动 III：两人一组，谈谈应该如何保护旅游景点。（可以尝试使用范文《旅游过度开发对景点的影响》中的重点词语或结构）

				如	何	保	护	旅	游	景	点			

（100字）

课后作文 ［建议用时：15分钟］

1. 参考题目：（请选择一个题目，你也可以自己想一个题目）

（1）文明参观动物园

（2）如何保护旅游景点

（3）谈谈旅游开发的利弊

（4）_____

2. 口头作文：

（1）我选择的题目是：_____

（2）我的写作思路是：_____

_____

（3）可能用到的词语、句式有：_____

_____

3. 作文要求：

（1）请根据你选择的题目，写一篇700~800字的作文。

（2）内容表述清楚，层次分明，符合汉语的表达习惯。

（3）尽可能用上本课学习的语言知识（词汇、语法、关联词语、重点词语或结构等）。

（4）最好写在方格稿纸上。

我的作品 ［课下完成］

（100字）

（200字）

（300字）

（400字）

（500字）

（600字）

（700字）

（800字）

《慢性的发现》读后感

上次作文讲评 ［建议用时：35分钟］

教师总评

优佳表达

偏误分析

天
天
向
上

学习心得

愉快走入第27课

1 范文阅读 ［建议用时：10分钟］

1. 请同学们默读范文。
2. 教师领读或师生齐读范文。
3. 再次默读范文并体会文章的结构方式。

《慢性的发现》读后感

    我常常想到德国作家 Sten Nadolny 的小说——《慢性的发现》。这部小说出版于 1983 年，讲的是一个慢性子水手成为探险家①的故事。

    小说里的水手叫约翰·富兰克林，他做什么都非常慢，说得慢、想得慢、做得慢。比如他小时候不会跟别的孩子打球，因为他太慢，接不住球。为了弥补②他的慢性，他常常熟记常用的字词和句子，这种方法可以帮他跟别人流利地聊天儿、回答问题。

    总之，富兰克林好像处处不适应节奏越来越快的现代社会，也可以说他是我们这个快节奏③社会的反面④人物。虽然他常常慢得被大家嘲笑⑤，但他的这个缺点同时也是他的优点。只要他学过的，他永远都不会忘记。正因为他慢，

---

① 探险家（tànxiǎnjiā）：explorer　到从来没有人去过的地方考察的人。
② 弥补（míbǔ）：make up for, remedy　把不够的部分补上。
③ 节奏（jiézòu）：rhythm　比喻有规律的进程。
④ 反面（fǎnmiàn）：opposite, negative side　相反的（多指消极的、坏的方面）。
⑤ 嘲笑（cháoxiào）：laugh at, sneer at　用语言笑话对方。

他才能看得见一般人看不到的东西，发现别人不注意的事物的本质⑥。为了实现一个目标，他一点儿都不着急，他会把任何事情都准备好，然后慢慢达到目的。缓慢⑦不但给了他细心和毅力⑧，更成为他探险过程中解决困难的关键。

这本小说的节奏也非常慢，一般人可能会读得难受。不过我却觉得有意思，也很喜欢那个水手，大概因为我也是个慢性子吧。

小时候妈妈常常骂我动作慢，朋友们常常来信说很想念我的缓慢，在北京新认识的朋友也常常谈论我的慢性子。但慢性子好像是我的天性，我怎么努力都改变不了。我喜欢用自己的眼睛去慢慢看这个世界，用自己的脚慢慢走遍这个世界。

其实，慢性子有什么不好呢？季文子"三思而后行"，做事情之前仔细思考一下再作决定，就会大大减少犯错误的机会。和慢性子相比，那些急性子的人看起来反应很快、行动迅速，但这种"快"在很多时候是以错误为代价⑨的。"龟兔赛跑"的故事中，兔子可以说是个急性子，但最后却输掉了比赛。

人生是一条很长的路，得慢慢来。很多时候，不是越快越好。

2 范文分析 ［建议用时：15分钟］

1. 解读范文《〈慢性的发现〉读后感》。

（1）找出介绍《慢性的发现》内容的语句。

_____

（2）找出描写富兰克林特点的语句。

_____

（3）富兰克林用什么办法来弥补他的慢性？

_____

（4）找出作者评价富兰克林的语句。

_____

（5）找出作者评价富兰克林慢性的语句。

_____

---

⑥ 本质（běnzhì）：essence, nature　决定事物的性质的最重要的特点。

⑦ 缓慢（huǎnmàn）：slow　不快，慢。

⑧ 毅力（yìlì）：willpower, tenacity　持久、坚强的意志。

⑨ 代价（dàijià）：price, cost　为达到某种目的所花的金钱、时间等。

（6）找出介绍富兰克林如何实现目标的语句。

_____

（7）富兰克林探险成功的关键是什么？

_____

（8）找出连接小说内容和"我"的情况的语句。

_____

（9）认识"我"的人怎么看我的慢性子？

_____

（10）作者引用的"三思而后行"这句话是什么意思？

_____

（11）文章用什么方法说明急性子的缺点？

_____

2. 分析范文《〈慢性的发现〉读后感》的写作思路。

《〈慢性的发现〉读后感》的写作思路是这样的："我"喜欢《慢性的发现》→_____

_____ →_____ →"我"和小说中的水手有

共同点 →_____ →_____ →生活不总

是越快越好。

3. 熟悉范文《〈慢性的发现〉读后感》中的表达范例。

重点词语或结构	例　句
v. + 于	这部小说出版于 1983 年。
	据说，乒乓球这种运动最早起源于英国。
比如	……。比如他小时候不会跟别的孩子打球，因为他太慢，接不住球。
	最近几年出现了很多新词语，比如"给力"、"粉丝"、"微博"等。
大概	我很喜欢那个水手，大概因为我也是个慢性子吧。
	我觉得，大概没有一个急性子的人喜欢看《慢性的发现》这本书。
pron.（表示疑问）+ v.（+S）+都……	慢性子好像是我的天性，我怎么努力都改变不了。
	我怎么说他都不相信，真是没办法。
以……为代价	这种"快"在很多时候是以错误为代价的。
	失败是成功之母，说的是成功常常以很多失败为代价。

3 写作实践 　[建议用时：20分钟]

小组活动Ⅰ：两人一组，试一试，写一写。（可以增加、减少或改变一些词语）

1. 试试看，用"和……相比"改写下面的句子。

> "龟兔赛跑"的故事中，兔子可以说是个急性子，但最后却输掉了比赛。
>
> 　
>
> 　
>
> 　

2. 下面的语段中，什么地方省略了"如果"？

> 其实，慢性子有什么不好呢？季文子"三思而后行"，做事情之前仔细思考一下再作决定，就会大大减少犯错误的机会。
>
> 　
>
> 　
>
> 　

3. 试试看，模仿下面的句子，用"出版于"和"讲的是"（"写的是"）简单介绍一本书？

> 这部小说出版于1983年，讲的是一个慢性子水手成为探险家的故事。
>
> 　
>
> 　
>
> 　
>
>

4. 试试看，用"v. + pron.（表示疑问）+ 都……"、"以……为代价"、"pron.（表示疑问）+ v.（+S）+ 都……"改写下面的语段。

> 我是个急性子，走路快、吃饭快、工作快。急性子的缺点是，有时候会因"快"出错。我常常想，如果能改掉这个毛病该多好！可我一直都改不掉，急性子好像已经成为我的天性。

5. 试试看，模仿"为了弥补他的慢性，他常常熟记常用的字词和句子，这种方法可以帮他跟别人流利地聊天儿、回答问题"，把"这种方法可以大大降低交通拥挤的程度"前面的内容补充完整。

> _____
>
> _____
>
> _____ 这种方法可以大大降低交通拥挤的程度。

6. 试试看，模仿下面的语段，用"……，也可以说……"评价一个人。

> 总之，富兰克林好像处处不适应节奏越来越快的现代社会，也可以说他是我们这个快节奏社会的反面人物。

7. 请根据"其实，跟着旅游团旅游有什么不好呢"这句话，把语段（1）和语段（2）补充完整。

（1）

（2）其实，跟着旅游团旅游有什么不好呢?

小组活动 II：两人一组，谈谈你看过的一本书，介绍一下里面人物的特点。（可以尝试使用范文《〈慢性的发现〉读后感》中的重点词语或结构）

小组活动 III：两人一组，说说一本好书的标准。（可以尝试使用范文《〈慢性的发现〉读后感》中的重点词语或结构）

				一	本	好	书	的	标	准				

（100字）

课后作文 ［建议用时：15分钟］

1. 参考题目：（请选择一个题目，你也可以自己想一个题目）

（1）《×××》读后感

（2）《×××》观后感

（3）_____

2. 口头作文：

（1）我选择的题目是：_____

（2）我的写作思路是：_____

_____

（3）可能用到的词语、句式有：_____

_____

3. 作文要求：

（1）请根据你选择的题目，写一篇700～800字的作文。

（2）内容表述清楚，层次分明，符合汉语的表达习惯。

（3）尽可能用上本课学习的语言知识（词汇、语法、关联词语、重点词语或结构等）。

（4）最好写在方格稿纸上。

◇◆◇◆◇◆◇◆◇◆◇◆◇◆◇◆◇◆◇◆◇◆◇◆◇◆◇◆◇◆◇◆◇◆

我的作品 ［课下完成］

（100字）

（200字）

（300字）

（400字）

（500字）

（600字）

（700字）

（800字）

28 说说广告

上次作文讲评 [建议用时：35分钟]

教师总评

优佳表达

偏误分析

学习心得

愉快走入第28课

做好牛，产好奶

1 范文阅读 ［建议用时：10分钟］

1. 请同学们默读范文。
2. 教师领读或师生齐读范文。
3. 再次默读范文并体会文章的结构方式。

说说广告

你在哪儿能看不见广告呢？答案是：没有这样的地方！因为我们周围处处都是广告的影子，电视、电影、报纸、杂志、网络、汽车、飞机、道路，甚至建筑上都充满了各种各样的广告。

广告首先给我们提供①了丰富的商品②信息，让我们足不出户就能了解这些商品。现代社会，商品非常丰富，我们没有时间也不可能去全面了解这些商品，我们只能依靠广告。拿购物来说，我们常常喜欢买名牌产品，因为我们常常接触名牌产品的广告，对名牌产品非常熟悉，这就是广告对我们产生的影响。

广告还能促进③行业竞争和商品销售，促进经济的发展。广告是提高产品竞争力和知名度④不可缺少的武器。现在已经不是"酒香不怕巷子深⑤"的时

---

① 提供（tígōng）：provide, supply　给（条件、资料等）。

② 商品（shāngpǐn）：commodity, merchandise, goods　可以买卖的东西。

③ 促进（cùjìn）：promote, advance　使前进、发展。

④ 知名度（zhīmíngdù）：popularity, fame　被社会、公众熟悉的程度。

⑤ 酒香不怕巷子深（jiǔ xiāng bú pà xiàngzi shēn）：Good wine needs no bush.　好的商品不需要广告宣传。

代，产品再好，如果不用广告宣传，也有可能在市场竞争中失败。广告能让更多的人了解商品，然后去购买这些商品，因此能促进经济的发展。

此外，好的广告还能给人一种艺术的享受。无论在地铁还是在公共汽车上，无论是看报纸还是看电视，我们都能发现一些精彩的广告设计⑥，看到一些让人非常难忘的广告词。这些广告常常能给我们留下深刻的印象。

当然，任何事物都有两面性，广告也会对我们产生一些负面影响。以购物为例，如果我们完全依靠广告去了解商品，而不去现场⑦看这种商品、了解售后服务，有时可能是一种错误，因为那个商品买回来以后才发现并不是很适合我们。再如，有些广告内容不真实，有些广告可能会对小孩子和学生造成不好的影响，有时甚至会出现垃圾广告，这样的广告当然不会对人们产生正面影响。

有人说，我们已经进入广告文化时代，不管你喜欢不喜欢、高兴不高兴，广告都已经无处不在，都已经成为左右⑧我们生活的一部分。

2 范文分析　[建议用时：15分钟]

1. 解读范文《说说广告》。

（1）找出描写我们周围处处都是广告的语句。

_____

（2）找出说明广告对我们了解商品的作用的语句。

_____

（3）找出说明广告对我们购物的影响的语句。

_____

（4）找出说明广告对经济产生影响的语句。

_____

（5）广告宣传在市场竞争中有什么作用？

_____

（6）好的广告设计对我们有什么影响？

_____

---

⑥ 设计（shèjì）：design　按照计划、方案制作的图纸、画面等。

⑦ 现场（xiànchǎng）：site, spot　直接从事生产、演出、买卖等的场所。

⑧ 左右（zuǒyòu）：affect, influence　影响。

（7）找出说明广告具有两面性的语句。

_____

（8）广告会产生哪些负面影响？

_____

（9）哪些广告会产生负面影响？

_____

（10）找出描写广告文化时代特征的语句。

_____

2. 分析范文《说说广告》的写作思路。

　　《说说广告》的写作思路是这样的：文章先说广告无处不在，然后从正反两个方面说明广告对我们的影响。广告对我们的正面影响有三个，分别是：_____
_____、_____、_____；广告的负面影响，作者举了两个例子，分别是_____、_____
_____。最后，作者说我们已经进入了广告文化时代。

3. 熟悉范文《说说广告》中的表达范例。

重点词语或结构	例　句
拿……来说	拿购物来说，我们常常喜欢买名牌产品，这就是广告对我们产生的影响。
	现代媒体对我们的影响具有两面性。拿网络来说，对我们的影响既有正面的，也有负面的。
再……，如果……，也……	产品再好，如果不用广告宣传，也有可能在市场竞争中失败。
	衣服再便宜，如果款式不好看，我也不会买。
无论……，都……	无论在地铁还是在公共汽车上，我们都能发现一些精彩的广告设计。
	无论在公共场合还是在私人场合，他从来都不喝酒。
再如	再如，有些广告内容不真实，有些广告可能会对小孩子和学生造成不好的影响。
	我非常喜欢户外活动。例如，每个周末我都去爬山，晚上常常去操场散步。再如，和朋友骑自行车郊游，也是我喜欢的活动。
不管……，都……	不管你喜欢不喜欢、高兴不高兴，广告都已经无处不在。
	不管大家同意不同意，我都想试试我的行动方案。

3 写作实践 ［建议用时：20分钟］

小组活动 l：两人一组，试一试，写一写。（可以增加、减少或改变一些词语）

1.下面的句子中，哪一个"无论"可以删掉？

> 无论在地铁还是在公共汽车上，无论是看报纸还是看电视，我们都能发现一些精彩的广告设计，看到一些让人非常难忘的广告词。

2.下面的语段中，哪个地方可以加上"但是"？什么地方省略了"即使"？

> 广告是提高产品竞争力和知名度不可缺少的武器。现在已经不是"酒香不怕巷子深"的时代，产品再好，如果不用广告宣传，也有可能在市场竞争中失败。

3.试试看，把"拿电子邮件来说"后面的内容补充完整。

> 现代通信手段都是具有两面性的。拿电子邮件来说，＿＿＿＿＿＿＿＿＿

4.试试看，用"再如"把后面的内容补充完整。

> 广告对我们有很多正面影响。例如，广告给我们提供了丰富的商品信息，让我们足不出户就能了解这些商品。广告还能促进行业竞争和商品销售，促进经济的发展。再如，_____
>
> _____
>
> _____

5.模仿下面的语段，说说手机已经无处不在。（请注意变色字部分）

> 你在哪儿能看不见广告呢？答案是：没有这样的地方！因为我们周围处处都是广告的影子，电视、电影、报纸、杂志、网络、汽车、飞机、道路，甚至建筑上都充满了各种各样的广告。
>
> _____
>
> _____
>
> _____

6.请根据"当然，任何事物都有两面性，手机也会对我们产生一些负面影响"这句话，把语段（1）和语段（2）补充完整。

> （1）_____
>
> _____
>
> _____
>
> （2）当然，任何事物都有两面性，手机也会对我们产生一些负面影响。
>
> _____
>
> _____
>
> _____

小组活动 II：两人一组，通过举例子，谈谈广告的负面影响。（可以尝试使用范文《说说广告》中的重点词语或结构）

小组活动 III：两人一组，谈谈你对博客（微博）的看法。（可以尝试使用范文《说说广告》中的重点词语或结构）

					谈	谈	博	客				

（100字）

课后作文 ［建议用时：15分钟］

1. 参考题目：（请选择一个题目，你也可以自己想一个题目）

（1）广告对我的影响

（2）谈谈网络

（3）谈谈现代通信方式

（4）_____

2. 口头作文：

（1）我选择的题目是：_____

（2）我的写作思路是：_____

_____

（3）可能用到的词语、句式有：_____

_____

3. 作文要求：

（1）请根据你选择的题目，写一篇700～800字的作文。

（2）内容表述清楚，层次分明，符合汉语的表达习惯。

（3）尽可能用上本课学习的语言知识（词汇、语法、关联词语、重点词语或结构等）。

（4）最好写在方格稿纸上。

我的作品 ［课下完成］

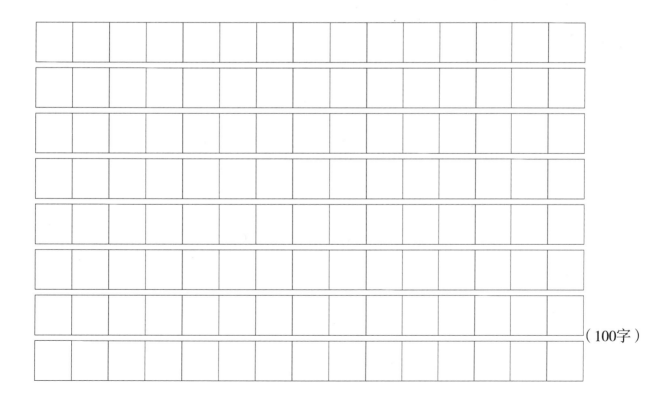

（100字）

（200字）

（300字）

（400字）

（500字）

（600字）

（700字）

（800字）

给朋友的一封信

上次作文讲评 [建议用时：35分钟]

教师总评

优佳表达

偏误分析

学习心得

愉快走入第29课

1 范文阅读 ［建议用时：10分钟］

1. 请同学们默读范文。
2. 教师领读或师生齐读范文。
3. 再次默读范文并体会文章的结构方式。

给朋友的一封信

汤姆：

你好！

好久没联系了，最近怎么样？你还是不打算来中国留学吗？真不知道你是怎么想的。

前段时间，我给你寄了一些照片，很漂亮吧。你说你这半年过得很忙碌[1]，除了读语言学专业，还在为律师资格[2]考试作准备。但我觉得这才是真正的大学生活，我不喜欢整天懒懒散散[3]的。

最近我已经把老师布置的期末论文、作业都写完了，一个星期后还有一个考试，趁着现在有时间，就跟你说说这一年来我的生活吧。

我所在的云南大学一共有17个学院，我在留学生院学习。留学生院有来自世界各国的500多名留学生，可以说是一个小联合国。我们每星期一到五上

---

① 忙碌（mánglù）：busy 忙。
② 资格（zīgé）：qualification 从事某种职业需要的条件、身份等。
③ 懒懒散散（lǎnlǎnsǎnsǎn）：lazy, indolent 行动缓慢，没有精神，不努力的样子。

午上课，下午只是一些选修课，如果没有兴趣可以不去听。老师很严格，开始时绝对不让我们说英语，弄得我们很难受，因为有时候想用汉语说一件事，可能会憋④得满脸通红也说不出来。不过，三个月以后，我们发现不用母语也能找到合适的汉语表达。到现在，无论和中国人还是和外国人谈话，我一般都不再用英语，所以进步还是挺大的。除了正常的学习，我还参加一些活动，如球类比赛、语言互助学习、英语教学志愿者⑤活动（帮助山区的孩子学习英语）等，这既提高了我的语言水平，也让我目睹⑥了中国农村的真实生活，真是一举两得⑦。

除了学校生活，我还常常在周末的时候四处逛逛。昆明是云南省的省会城市，年平均气温在15度左右，冬无严寒，夏无酷暑⑧，四季如春，被称为"春城"。昆明有一道非常值得看的风景就是冬季的红嘴鸥。每年11月前后，总会有成千上万只红嘴鸥飞到昆明，在宽阔的水面上飞舞，场面非常漂亮。

不知不觉已经说了很多，总之昆明有很多特色，这些特色也是我选择昆明而不选择北京、上海等大城市的原因。如果你有机会来昆明，我一定带你好好儿玩儿玩儿。

最后，祝你每天都开心！

玛丽

7月7日

2 范文分析　　[建议用时：15分钟]

1. 解读范文《给朋友的一封信》。

（1）找出说明汤姆不来中国留学的语句。

_____

（2）找出描写汤姆学习和生活的语句。

_____

（3）找出说明玛丽对大学生活的认识的语句。

_____

---

④ 憋（biē）：hold back, suppress　控制住不让出来。

⑤ 志愿者（zhìyuànzhě）：volunteer　自愿参加某种活动的人。

⑥ 目睹（mùdǔ）：see with one's own eyes　亲眼看到。

⑦ 一举两得（yì jǔ liǎng dé）：kill two birds with one stone　做一件事，同时得到两个好处。

⑧ 酷暑（kùshǔ）：intense heat of summer　很热的夏天。

（4）找出描写玛丽最近的情况的语句。

_____

（5）找出描写关于玛丽说英语的情况的语句。

_____

（6）找出介绍玛丽参加一些活动的语句。

_____

（7）找出说明玛丽参加活动得到的好处的语句。

_____

（8）找出介绍昆明气候的语句。

_____

（9）找出描写昆明红嘴鸥的语句。

_____

（10）找出说明玛丽选择昆明留学的原因的语句。

_____

2. 分析范文《给朋友的一封信》的写作思路。

《给朋友的一封信》的写作思路是这样的：玛丽先说了前段时间的联系情况，然后说她最近_____。玛丽在信里主要告诉了汤姆_____，这一年其实她也很忙碌。玛丽除了正常的学习，还参加了_____，周末时她还常常_____。玛丽之所以选择在昆明留学而不选择北京和上海，主要是因为_____。

3. 熟悉范文《给朋友的一封信》中的表达范例。

重点词语或结构	例　句
好久……	好久没联系了，最近怎么样？
	好久没有你的消息，你最近还好吗？
趁着……	趁着现在有时间，就跟你说说这一年来我的生活吧。
	趁着大家现在有空儿，赶快说说明天的行程计划吧。
既……，也……	这既提高了我的语言水平，也让我目睹了农村的真实生活。
	参加汉语桥比赛，既增加了我对中国文化的了解，同时也提高了我的语言水平。
……左右	昆明是云南省的省会城市，年平均气温在15度左右。
	参加今天马拉松长跑比赛的人数在350人左右。
……而不……	这些特色也是我选择昆明而不选择北京、上海等大城市的原因。
	我选择步行而不选择乘坐公共汽车，主要是想多走动走动。

3 写作实践 ［建议用时：20分钟］

小组活动 I：两人一组，试一试，写一写。（可以增加、减少或改变一些词语）

1. 试试看，用"虽然……，但是……"把下面的语段改写成一个句子。

> 　　你说你这半年过得很忙碌，除了读语言学专业，还在为律师资格考试作准备。但我觉得这才是真正的大学生活，我不喜欢整天懒懒散散的。

2. 试试看，用"……左右"、"……而不……"、"趁着……"改写下面的语段。

> 　　前段时间，为了准备律师资格考试，我每天晚上差不多都是1点睡觉。说实话，和那种懒懒散散的生活相比，我更喜欢这种忙碌充实的生活。我现在还年轻，应该努力去实现自己的理想，以后工作了，可能就没有那么多时间了。

3. 试试看，把"真是一举两得"前面的内容补充完整。

> 　　　　　　　　　　　　　　　　　　　　　　　　　　　　　　　　真是一举两得。

4. 试试看，模仿下面的语段，用"开始时……"、"……以后"、"到现在……"说一段话。

> 老师很严格，开始时绝对不让我们说英语，弄得我们很难受，因为有时候想用汉语说一件事，可能会憋得满脸通红也说不出来。不过，三个月以后，我们发现不用母语也能找到合适的汉语表达。到现在，无论和中国人还是和外国人谈话，我一般都不再用英语，所以进步还是挺大的。

5. 试试看，模仿下面的句子，介绍一个地方的气候。

> 昆明是云南省的省会城市，年平均气温在15度左右，冬无严寒，夏无酷暑，四季如春，被称为"春城"。

6. 请根据"除了户外运动，我还对一些室内运动感兴趣"这句话，把语段（1）和语段（2）补充完整。

> （1）
>
>
>
> （2）除了户外运动，我还对一些室内运动感兴趣。

小组活动 Ⅱ：两人一组，介绍一下你们的学校。（可以尝试使用范文《给朋友的一封信》中的重点词语或结构）

小组活动 Ⅲ：两人一组，互相说一说你的学校生活，并写一写。（可以尝试使用范文《给朋友的一封信》中的重点词语或结构）

					我	的	学	校	生	活				

（100字）

课后作文 ［建议用时：15分钟］

1. 参考题目：（请选择一个题目，你也可以自己想一个题目）

（1）给校长的一封信

（2）给老师的一封信

（3）给朋友的一封信

（4）给＿＿＿＿＿＿＿＿的一封信

2. 口头作文：

（1）我选择的题目是：＿＿＿＿＿＿＿＿＿＿

（2）我的写作思路是：＿＿＿＿＿＿＿＿＿＿＿＿＿＿＿＿＿＿＿＿＿

＿＿＿＿＿＿＿＿＿＿＿＿＿＿＿＿＿＿＿＿＿＿＿＿＿＿＿＿＿＿＿＿＿

（3）可能用到的词语、句式有：＿＿＿＿＿＿＿＿＿＿＿＿＿＿＿＿＿＿

＿＿＿＿＿＿＿＿＿＿＿＿＿＿＿＿＿＿＿＿＿＿＿＿＿＿＿＿＿＿＿＿＿

3. 作文要求：

（1）请根据你选择的题目，写一篇700～800字的作文。

（2）内容表述清楚，层次分明，符合汉语的表达习惯。

（3）尽可能用上本课学习的语言知识（词汇、语法、关联词语、重点词语或结构
     等）。

（4）最好写在方格稿纸上。

我的作品 ［课下完成］

（100字）

（200字）

（300字）

（400字）

（500字）

（600字）

（700字）

（800字）

30 我最喜欢的一门课

上次作文讲评 [建议用时：35分钟]

教师总评

优佳表达

📝 偏误分析

📝 学习心得

愉快走入第30课

1 范文阅读 ［建议用时：10分钟］

1. 请同学们默读范文。
2. 教师领读或师生齐读范文。
3. 再次默读范文并体会文章的结构方式。

我最喜欢的一门课

　　英语是我最喜欢的一门课。读大学期间，英语课我从来不迟到、不缺席[①]。有人可能会问，你喜欢英语课是不是为了考试？实事求是[②]地说，肯定有这方面的因素，但我喜欢英语课其实还有一些更重要的原因。

　　首先，大学的英语课能让我学到地道的英语，每次课收获都很大，这是我喜欢英语课最重要的原因。和高中英语老师相比，大学的英语老师不再把考试当做首要[③]任务，而是把训练学生的听说读写能力作为主要目标。给我们上英语课的老师是外教，同时也是语言教学专家，这让我受益[④]很大。我们的外教汉语水平很低，上课时几乎说不了汉语，全是英语授课。他每次课都能根据我们的实际水平安排教学内容，而且给我们足够的练习机会。他从来不单独讲语

---

① 缺席（quēxí）: be absent from (a meeting, class, etc.)　开会或上课没有到。
② 实事求是（shí shì qiú shì）: be practical and realistic　从真实情况出发，正确对待和处理事情。
③ 首要（shǒuyào）: of primary importance, first　最重要的，摆在第一位的。
④ 受益（shòuyì）: profit by, benefit from　得到好处。

法和词汇问题，而是把语法和词汇放到一些具体的语境⑤中。通过这种方法，我们不但理解了语法和词汇的意义，而且懂得了它们的具体使用环境。更重要的是，他对我们的发音要求很严格，用他自己的话说，我们应该说 English，而不是 Chinglish！实事求是地说，我从内心喜欢他这种教学方法。

兴趣是最好的老师，对英语的浓厚⑥兴趣也是我喜欢上英语课的重要原因之一。其实从高中开始，我就对英语这种语言及其文化有着十分浓厚的兴趣，喜欢看英语漫画书和英语类电视节目。进入大学，随着词汇量的增加，我已经能阅读各类英文材料了。除了正常的学习，我每周五都去英语角和形形色色⑦的人用英语对话，每周六几乎都会看一部英文电影。

最后，我喜欢英语课还有一个功利性⑧目的，就是为我的环球之旅作准备。我非常喜欢不同国家和地区的文化，一直想环游世界，但语言是个很大的障碍⑨。英语是世界通用语言，只有学好英语，我才有可能解决环游过程中遇到的问题。

如今，我已成为一名英语教师，但我对英语的热情仍然很高。我除了不断学习英语，也在尝试使用新的教学方法给学生上好英语课。英语和英语课已经成为我生活的一部分。

2 范文分析 ［建议用时：15分钟］

1. 解读范文《我最喜欢的一门课》。

（1）找出描写大学期间"我"上英语课情况的语句。

_____

（2）找出说明"我"喜欢英语课的原因的语句。

_____

（3）"我"喜欢英语课的第一个原因是什么？

_____

---

⑤ 语境（yǔjìng）: (language) context　语言环境，包括上下文、说话的场合、对象，以及说话人的文化背景等。

⑥ 浓厚（nónghòu）: great, strong　（兴趣）大。

⑦ 形形色色（xíngxíngsèsè）: of every colour and hue, of all forms, various　各种各样。

⑧ 功利性（gōnglìxìng）: utilitarian　非精神的、金钱的、物质的。

⑨ 障碍（zhàng'ài）: obstacle, barrier, block　影响前进和进步的东西。

（4）找出对比大学英语老师和高中英语老师授课情况的语句。

_____

（5）找出介绍"我们"英语老师的语句。

_____

（6）找出评论外教教学方法的语句。

_____

（7）"我"喜欢英语课的第二个原因是什么？

_____

（8）找出介绍"我"学习英语方法的语句。

_____

（9）"我"喜欢英语课的功利性目的是什么？

_____

（10）找出介绍"我"的近况的语句。

_____

2. 分析范文《我最喜欢的一门课》的写作思路。

《我最喜欢的一门课》的写作思路是这样的： "我"喜欢英语课 →原因（一）_____
_____ → 原因（二）_____ → 原因（三）_____
_____ →"我"的近况。

3. 熟悉范文《我最喜欢的一门课》中的表达范例。

重点词语或结构	例　句
……期间	读大学期间，英语课我从来不迟到、不缺席。
	留学期间，我认识了很多新朋友。
实事求是地说，……	实事求是地说，肯定有这方面的因素。
	实事求是地说，我对这种懒懒散散的生活方式没有兴趣。
把……当做	大学的英语老师不再把考试当做首要任务。
	读大学以前，我一直把我的狗当做我最亲密的朋友。
否定分句 + 而是……	他从来不单独讲语法和词汇问题，而是把语法和词汇放到一些具体的语境中。
	我不喜欢和朋友们一起逛街，而是喜欢一个人自由自在地到处走走、到处看看。
……之一	对英语的浓厚兴趣也是我喜欢上英语课的重要原因之一。
	吃饺子，是中国人过春节时的重要传统之一。

3 写作实践 ［建议用时：20分钟］

小组活动 I：两人一组，试一试，写一写。（可以增加、减少或改变一些词语）

1. 试试看，用"……，而不是……"改写下面的两个句子。

（1）和高中英语老师相比，大学的英语老师不再把考试当做首要任务，而是把训练学生的听说读写能力作为主要目标。

（2）他从来不单独讲语法和词汇问题，而是把语法和词汇放到一些具体的语境中。

---

2. 下面的语段中，哪些地方省略了"因此"？

最后，我喜欢英语课还有一个功利性目的，就是为我的环球之旅作准备。我非常喜欢不同国家和地区的文化，一直想环游世界，但语言是个很大的障得。英语是世界通用语言，只有学好英语，我才有可能解决环游过程中遇到的问题。

---

3. 试试看，模仿下面的语段，介绍一个常常迟到的学生。（请注意变色字部分）

读大学期间，英语课我从来不迟到、不缺席。有人可能会问，你喜欢英语课是不是为了考试？实事求是地说，肯定有这方面的因素，但我喜欢英语课其实还有一些更重要的原因。

---

4. 试试看，模仿下面的语段，介绍一位老师的上课方法。

> 我们的外教几乎说不了汉语，全是英语授课。他每次课都能根据我们的实际水平安排教学内容，而且给我们足够的练习机会。他从来不单独讲语法和词汇问题，而是把语法和词汇放到一些具体的语境中。通过这种方法，我们不但理解了语法和词汇的意义，而且懂得了它们的具体使用环境。更重要的是，他对我们的发音要求很严格，用他自己的话说，我们应该说English，而不是Chinglish！实事求是地说，我从内心喜欢他这种教学方法。

5. 请根据"北京是中国的首都，这也是我选择留在北京工作的重要原因之一"这句话，把语段（1）和语段（2）补充完整。

（1）

（2）北京是中国的首都，这也是我选择留在北京工作的重要原因之一。

小组活动 II：两人一组，说说你是怎么写汉语作文的。（可以尝试使用范文《我最喜欢的一门课》中的重点词语或结构）

小组活动 III：两人一组，谈谈好的教学方法的标准。（可以尝试使用范文《我最喜欢的一门课》中的重点词语或结构）

					好	的	教	学	方	法				

（100字）

课后作文 ［建议用时：15分钟］

1. 参考题目：（请选择一个题目，你也可以自己想一个题目）

（1）我最喜欢的一门课

（2）写作课的收获

（3）评价写作课中的"作文讲评环节"

（4）_____

2.口头作文：

（1）我选择的题目是：＿＿＿＿＿＿＿＿＿

（2）我的写作思路是：＿＿＿＿＿＿＿＿＿＿＿＿＿＿＿＿＿

＿＿＿＿＿＿＿＿＿＿＿＿＿＿＿＿＿＿＿＿＿＿＿＿＿＿＿＿＿

（3）可能用到的词语、句式有：＿＿＿＿＿＿＿＿＿＿＿＿＿＿

＿＿＿＿＿＿＿＿＿＿＿＿＿＿＿＿＿＿＿＿＿＿＿＿＿＿＿＿＿

3.作文要求：

（1）请根据你选择的题目，写一篇700～800字的作文。

（2）内容表述清楚，层次分明，符合汉语的表达习惯。

（3）尽可能用上本课学习的语言知识（词汇、语法、关联词语、重点词语或结构等）。

（4）最好写在方格稿纸上。

4.参加期末考试时，把作文交给老师。

我的作品 ［课下完成］

（100字）

（200字）

（300字）

（400字）

（500字）

（600字）

（700字）

（800字）

附录：汉语常用量词与搭配[*]

量　词	意义和用法	例　子
把	用于有把手（handle）的东西	一把椅子　一把刀　一把伞　一把钥匙
	表示用手抓起的数量	一把瓜子　一把大米　一把沙子
	用于抽象的事物	一把年纪　一把骨头　一把火　一把好手
	和手的动作有关的	推他一把　帮我一把　洗一把脸
班	用于飞机、公共汽车等交通工具	首班车　末班车　同一班飞机
版	表示书籍印刷的次数	第二版　印过四版
	报纸的一面叫一版	第一版　头版新闻
帮	表示一群人	一帮人　一帮朋友
包	用于包装好的东西	一包烟　一包盐　一包东西　一包纸巾
本	用于书	一本书　一本词典
笔	表示和很多钱有关的	一笔钱　一笔收入　一笔买卖
遍	表示从开始到结束的过程	看了一遍　读三遍　第二遍
部	用于书籍、电影、电视	一部著作　一部电影　一部电视剧
	用于电话	一部手机　一部电话
层	用于重叠的东西	三层楼　双层玻璃　五层台阶
	用于物体表面的东西	一层土　一层灰尘　一层皮　一层油
场（cháng）	表示事情的经过	一场暴风雪　一场战争　大哭一场
场（chǎng）	用于体育比赛等	一场比赛　一场足球赛　一场电影　两场演出
串	用于连接在一起的东西	一串葡萄　一串珍珠　一串钥匙
	用于连续的动作或抽象事物	一串笑声　一串问题
次	用于反复出现的事情	去过三次　第二次　一次教训　一次事故
袋	用于袋子装的东西	一袋牛奶　一袋面粉　一袋水泥
道	用于门、墙等	一道门　一道墙　两道难关
	用于题目、命令等	一道数学题　一道命令

[*] 参考书目：（1）郭先珍《现代汉语量词手册》，中国和平出版社，1987年版。
（2）褚佩如、金乃逯《汉语量词学习手册》，北京大学出版社，2002年版。
（3）中国社会科学院语言研究所词典编辑室《现代汉语词典》（第5版），商务印书馆，2005年版。

续表

量 词	意义和用法	例 子
滴	表示液体的数量	一滴水　几滴眼泪　一滴汗水
点	表示少量，常儿化	一点儿东西　一点儿印象　一点儿时间
	用于意见、看法等	几点看法　三点意见　一点建议　一点缺点
顶	用于有顶的东西	一顶帽子　三顶帐篷
栋	表示房屋的数量	两栋新房子　一栋楼房　一栋别墅
段	表示长东西的一部分	一段绳子　一段铁路
	表示时间、距离等的一部分	一段时间　一段距离　一段记忆　一段经历
	表示事物的一部分	一段文章　一段歌词　一段历史
堆	表示数量多	一堆衣服　一堆人　一堆土
对	表示两个	一对情侣　一对熊猫　一对大眼睛
顿	表示吃饭、打骂等的次数	一顿饭　打了一顿　批评了他一顿
朵	用于花、云等	一朵鲜花　三朵白云　一朵浪花
番	表示动作的次数	发了一番脾气　唱了一番　下了一番工夫
	表示倍数	收入翻了两番
份	表示数量	三份套餐　一份遗产　两份报纸
	用于抽象事物	一份工作　一份喜悦　一份惊喜
封	用于信件	两封信　一封邮件
幅	用于字画	一幅画　一幅油画　一幅美丽的画面
副	用于成双的事物	一副眼镜　一副手套　一副春联
	用于和表情有关的	一副可怜的样子　一副笑脸　一副狼狈相
	用于中药	一副药
根	用于带根的、比较长的蔬菜	一根黄瓜　一根大葱　三根胡萝卜
	用于长的东西	一根头发　一根木头　一根蜡烛　一根筷子
股	用于气味等	一股香味　一股臭味　一股寒风
行	用于成行的事物	两行热泪　站成三行　倒数第四行
回	表示动作的次数	去过几回　打过一回交道　第二回
家	用于银行、医院等机构	一家银行　三家医院　一家咖啡馆

续表

量　词	意义和用法	例　子
间	表示房屋的数量	一间书房　两间卧室
件	用于衣服	一件衣服　一件羽绒服　一件上衣
	用于抽象事物	一件奇怪的案子　一件好事　一件往事
届	用于会议或毕业的班级	三届会议　第一届　下届会议　2000 届毕业生
棵	用于植物	一棵树　一棵白菜
颗	用于小而圆的东西	一颗珍珠　一颗心　几颗牙齿　十颗星星
口	表示家庭的人数	三口人　几口人
	表示和口腔有关的	一口金牙　叹了一口气　咬了一口
	用于语言	说一口北京话　满口的方言
块	表示钱，和"元"相同	1 块钱　100 块
	用于块状的东西	一块蛋糕　一块地　一块红布　一块手表
粒	表示细小的颗粒	一粒黄豆　一粒珍珠
辆	用于车辆	一辆汽车　一辆自行车　一辆卡车
列	用于火车	一列火车
轮	用于圆的月亮、太阳	一轮明月　一轮红日　一轮圆月
	表示会谈、比赛的次数	三轮会谈　几轮比赛　第三轮讨论
枚	用于硬币或类似硬币的东西	一枚硬币　一枚勋章　一枚纪念币
门	用于课程、科学技术	三门课　一门技术
	用于婚姻、亲属关系	一门婚事　三门亲戚
面	用于镜子、旗子	一面镜子　一面红旗
名	表示人数	一名科学家　三名外宾
	表示名次	第二名　前三名
排	用于成排的事物	一排牙齿　一排整齐的队伍　一排柳树
盘	用于棋类的比赛	两盘棋　第二盘　三盘比赛
批	表示很多的人或事物	一批大学生　一批游客　一批货物
匹	用于布	一匹布　三匹绸缎　两匹丝绸
	用于马	三匹马

量　词	意义和用法	例　子
篇	用于文章	一篇文章　两篇课文　一篇论文
片	用于平而薄的东西	一片面包　三片肉　一片雪花
	用于空间范围的东西	一片天空　一片蓝色的海洋　一片白云
	用于抽象事物	一片哭声　一片混乱　一片柔情
期	用于报纸、刊物等	360 期报纸　第一期　一期节目
起	用于事故、案件等	一起交通事故　一起案件　一起离奇的事件
群	用于聚集在一起的事物	一群人　一群孩子　一群狼
身	表示和身体有关的	一身衣服　一身泥土　一身香味
首	用于歌曲、诗词	一首歌儿　一首流行歌曲　三首诗
双	用于成双的事物	一双眼睛　一双鞋　一双筷子
艘	用于轮船	一艘轮船　一艘航空母舰　一艘货轮
所	用于学校	一所幼儿园　一所小学　600 所科研院校
台	用于电视等机器设备	一台电视　一台电脑　一台进口设备
趟	表示来回的次数	来过两趟　去一趟上海　来两趟北京
套	用于组合在一起的东西	一套西装　一套书　一套法律法规
条	用于细长的事物	一条河　一条领带　一条裤子　一条香烟
	用于细长的动物或植物	一条蛇　一条狗　一条鱼　一条黄瓜
	表示和生命有关的	一条汉子　三条人命
头	用于牛	一头公牛　三头奶牛
	用于大蒜	一头蒜
团	用于球形的事物	一团纸　一团棉花　冷得缩成一团
位	表示人数	一位先生　三位专家　几位客人
下	表示动作的次数	敲两下　打了三下　动了几下
	表示时间短	看一下　问一下　试一下
项	用于比赛、事业、活动等	两项比赛　一项伟大的事业　一项活动
样	表示种类	三样东西　四样点心　几样礼物
页	用于书本中的纸	一共 300 页　第 5 页　3 页纸

量　词	意义和用法	例　子
张	用于纸、画等	一张纸　一张照片　一张飞机票　一张皮
	用于有平面的事物	一张桌子　一张床　一张沙发
	用于脸、嘴等	一张笑脸　三张嘴
阵	用于表示持续了一段时间的事物	一阵暴风雨　一阵笑声　一阵疼痛　一阵难过
支	用于笔	一支笔　一支圆珠笔　一支铅笔
	用于歌曲	一支民歌　一支歌儿　一支革命歌曲
只	用于动物	一只狐狸　一只鸡　一只蚊子
	用于成对东西中的一个	一只眼睛　一只手套　一只鞋
	用于比较小的船	一只小船　一只木船　一只帆船
桩	用于事情	一桩婚事　一桩心事　一桩案子
座	用于房屋、桥梁等建筑	一座山　一座大楼　一座大桥

《发展汉语》（第二版）
基本使用信息

教　材	适用水平	每册课数	每课建议课时	每册建议总课时
初级综合（I）	零起点及初学阶段	30课	5课时	150-160
初级综合（II）		25课	6课时	150-160
中级综合（I）	已掌握2000-2500词汇量	15课	6课时	90-100
中级综合（II）		15课	6课时	90-100
高级综合（I）	已掌握3500-4000词汇量	15课	6课时	90-100
高级综合（II）		15课	6课时	90-100
初级口语（I）	零起点及初学阶段	23课	4课时	92-100
初级口语（II）		23课	4课时	92-100
中级口语（I）	已掌握2000-2500词汇量	15课	6课时	90-100
中级口语（II）		15课	6课时	90-100
高级口语（I）	已掌握3500-4000词汇量	15课	4课时	60-70
高级口语（II）		15课	4课时	60-70
初级听力（I）	零起点及初学阶段	30课	2课时	60-70
初级听力（II）		30课	2课时	60-70
中级听力（I）	已掌握2000-2500词汇量	30课	2课时	60-70
中级听力（II）		30课	2课时	60-70
高级听力（I）	已掌握3500-4000词汇量	30课	2课时	60-70
高级听力（II）		30课	2课时	60-70
初级读写（I）	零起点及初学阶段	15课	2课时	30-40
初级读写（II）		15课	2课时	30-40
中级阅读（I）	已掌握2000-2500词汇量	15课	2课时	30-40
中级阅读（II）		15课	2课时	30-40
高级阅读（I）	已掌握3500-4000词汇量	15课	2课时	30-40
高级阅读（II）		15课	2课时	30-40
中级写作（I）	已掌握2000-2500词汇量	15课	2课时	30-40
中级写作（II）		15课	2课时	30-40
高级写作（I）	已掌握3500-4000词汇量	12课	2课时	30-40
高级写作（II）		12课	2课时	30-40

发展汉语 Developing **Chinese** 第二版 2nd Edition

综 合

○	初级综合（Ⅰ）含1MP3	ISBN 978-7-5619-3076-2	79.00元
○	初级综合（Ⅱ）含1MP3	ISBN 978-7-5619-3077-9	75.00元
○	中级综合（Ⅰ）含1MP3	ISBN 978-7-5619-3089-2	56.00元
○	中级综合（Ⅱ）含1MP3	ISBN 978-7-5619-3239-1	60.00元
○	高级综合（Ⅰ）含1MP3	ISBN 978-7-5619-3133-2	55.00元
○	高级综合（Ⅱ）含1MP3	ISBN 978-7-5619-3251-3	60.00元

口 语

○	初级口语（Ⅰ）含1MP3	ISBN 978-7-5619-3247-6	65.00元
○	初级口语（Ⅱ）含1MP3	即将出版	
○	中级口语（Ⅰ）含1MP3	ISBN 978-7-5619-3068-7	56.00元
○	中级口语（Ⅱ）含1MP3	ISBN 978-7-5619-3069-4	52.00元
○	高级口语（Ⅰ）含1MP3	ISBN 978-7-5619-3147-9	58.00元
○	高级口语（Ⅱ）含1MP3	ISBN 978-7-5619-3071-7	56.00元

听 力

○	初级听力（Ⅰ）含1MP3	ISBN 978-7-5619-3063-2	79.00元
○	初级听力（Ⅱ）含1MP3	ISBN 978-7-5619-3014-4	68.00元
○	中级听力（Ⅰ）含1MP3	ISBN 978-7-5619-3064-9	62.00元
○	中级听力（Ⅱ）含1MP3	ISBN 978-7-5619-2577-5	70.00元
○	高级听力（Ⅰ）含1MP3	ISBN 978-7-5619-3070-0	68.00元
○	高级听力（Ⅱ）含1MP3	ISBN 978-7-5619-3079-3	70.00元

"练习与活动" + "文本与答案"

读 写

○ 初级读写（Ⅰ）　即将出版
○ 初级读写（Ⅱ）　即将出版

阅 读

○ 中级阅读（Ⅰ）
　ISBN 978-7-5619-3123-3　29.00 元
○ 中级阅读（Ⅱ）
　ISBN 978-7-5619-3197-4　29.00 元
○ 高级阅读（Ⅰ）
　ISBN 978-7-5619-3080-9　32.00 元
○ 高级阅读（Ⅱ）
　ISBN 978-7-5619-3084-7　35.00 元

写 作

○ 中级写作（Ⅰ）
　ISBN 978-7-5619-3286-5　35.00 元
○ 中级写作（Ⅱ）
　ISBN 978-7-5619-3287-2　39.00 元
○ 高级写作（Ⅰ）　即将出版
○ 高级写作（Ⅱ）
　ISBN 978-7-5619-3269-8　29.00 元

图书在版编目 (CIP) 数据

中级写作. 2 / 蔡永强编著. —2版. —北京：北
京语言大学出版社，2013 重印
（发展汉语）
ISBN 978-7-5619-3287-2

Ⅰ. ①中… Ⅱ. ①蔡… Ⅲ. ①汉语—写作—对外汉语
教学—教材 Ⅳ. ①H195.4

中国版本图书馆 CIP 数据核字（2012）第 096547 号

书　　名：	发展汉语（第二版）中级写作（Ⅱ）	
责任印制：	汪学发	

出版发行： **北京语言大学出版社**

社　　址：北京市海淀区学院路 15 号　　　邮政编码：100083
网　　址：www.blcup.com
电　　话：发行部　010-82303650 / 3591 / 3651
　　　　　　编辑部　010-82303647 / 3592
　　　　　　读者服务部　010-82303653 / 3908
　　　　　　网上订购电话　010-82303668
　　　　　　客户服务信箱　service@blcup.net
印　　刷：北京中科印刷有限公司
经　　销：全国新华书店

版　　次：2012 年 6 月第 1 版　　2013 年 2 月第 2 次印刷
开　　本：889 毫米 ×1194 毫米　　1/16
印　　张：11.5
字　　数：144 千字
书　　号：ISBN 978-7-5619-3287-2 / H · 12068
定　　价：39.00 元

凡有印装质量问题，本社负责调换。电话：010-82303590